예수님의 꿈아이

교사용

예수님은 살아 계셔요
하나님, 사람들을 주셔서 감사해요
하나님께서는 용서하셔요

예꿈B (3~5세) 교사용

편집장 | 김정순
기획 및 편집 | 박승훈, 한인숙
연구위원 | (가나다순)김윤미, 박길나, 이은연, 이은정, 이향순, 표순옥
교열 | 고진쥬
표지디자인 | 강상민 · **표지소품 진행** | 박민정
편집디자인 | 장원영
사진 | 정화영

초판발행 | 2009. 3. 10
1판 8쇄 | 2019. 3. 1
등록번호 | 제3-203호
등록처 | 서울시 용산구 서빙고로 65길 38
발행처 | 사단법인 두란노서원
영업부 | 2078-3333 FAX 080-749-3705
출판부 | 2078-3437

ISBN 978-89-531-1125-7
책값은 뒷표지에 있습니다.

독자의 의견을 기다립니다. http://www.duranno.com

Originally published in the U.S.A.
Under the title Walk with Me curriculums kindergarten and Grade 1
Copyright ©(2004) by CRC Publications Grand Rapids, Michigan 49560
Korean translation copyright ©2009 by Duranno Press. 95 Seobinggo-Dong, Yongsan-Gu, Seoul, Korea

차
례

예꿈 둘러보기

각 과 말씀의 목표와 핵심 요점을 알기 쉽게 설명하였습니다. "말씀 길잡이"는 하나님의 말씀인 성경에 대한 바른 묵상을 위해 미국 CRC(Christian Reformed Church) 교단에서 발행한 *Walk with me*라는 교회학교 교재의 성경 묵상을 그대로 옮기되 부연 설명이 필요한 부분에는 보충 설명을 덧붙였습니다. 성경 구절을 여러 번 읽고 "말씀 길잡이"를 묵상한다면 말씀을 충분히 이해하게 될 것입니다.

1 안녕 친구야!

예배드리기 위해 온 어린이들을 맞이하는 활동과 예배 전 활동을 소개합니다.

1. 안녕, 안녕!

예배실에 들어오는 어린이를 맞이하는 활동입니다. 따뜻하고 생동감 있는 활동을 소개하고 있습니다. 어린이들이 즐겁게 예배실에 들어오도록 돕는 활동입니다.

2. 마음 열기

"아하, 말씀이 재밌어요!"와 연결되는 활동으로 예배 전 어린이들에게 예배에 흥미를 가지도록 도와줍니다.

2 아하 말씀이 재밌어요!

각 과의 성경 이야기를 어떻게 도입할지, 성경 이야기를 어떻게 들려줄지 소개합니다. 성경 본문을 어린이들에게 들려주기 편안한 문체와 내용으로 각색하였습니다.

3 쑥쑥 말씀대로 자라요!

성경 이야기와 연결하여 과의 목표를 이해하는 코너입니다. 어린이들과 인사하고, 말씀을 암송하고, 성경 이야기에 대한 이야기를 나누고, 그와 관련된 활동을 하는 시간입니다.

❶ 사랑 쑥쑥

선생님과 어린이들이 함께 인사를 나누는 시간입니다. 예배 전에 가볍게 나누는 인사와 달리 서로의 이름을 부르며 친근함을 표현할 수 있는 방법을 소개하고 있습니다. 같은 반 친구들끼리 서로 친해질 수 있는 시간입니다.

❷ 말씀 쑥쑥

어린이들과 과에서 제시된 말씀을 암송하는 시간입니다. 암송을 재미있게 할 수 있는 방법을 소개하고 있습니다. 암송 구절이 무엇을 뜻하는지 이해하게 하고, 오늘의 말씀을 입으로 외우면서 마음에 새기도록 돕습니다.

❸ 생각 쑥쑥

"아하, 말씀이 재밌어요!"와 연결하여 생각할 수 있는 질문 시간입니다. 성경 이야기에서 들은 사실을 회상하거나, 등장인물이 되는 것을 상상해 보도록 합니다. 또 목표를 새겨 보는 질문을 하고 그에 대한 어린이들의 대답을 듣습니다. 교사가 성경 이야기에 대한 어린이들의 반응을 많이 들을 수 있는 것이 이 시간의 특징입니다.

❹ 믿음 쑥쑥

"아하, 말씀이 재밌어요!"와 연결되는 만들기나 말씀을 되새기도록 돕는 놀이 활동을 합니다. 어린이들과 함께할 수 있는 활동 방법을 소개하고 있습니다. 어떻게 만들고 활용할지 제시합니다.

4 쑥쑥 나도 할 수 있어요!

성경 이야기와 연결하여 과의 목표를 몸과 마음으로 느끼고 표현하는 활동을 합니다.
과에 따라 "마음 으쓱"과 "몸 으쓱"이 모두 소개되거나 한 영역만 소개되어 있기도 합니다.

❶ 마음 으쓱

성경 말씀을 마음에 새기고, 느껴 보는 활동을 합니다. "믿음 쑥쑥"에서 만든 놀잇감을 가지고 전개하는 활동을 소개하기도 합니다.

❷ 몸 으쓱

과의 목표를 몸으로 표현하는 활동을 합니다. 신체를 이용한 활동을 통해 과의 요점을 새겨 봅니다.

가드너의 지능 이론

교재의 각 과들은 어린이들이 배울 수 있는 여러 영역을 반영합니다. 각 과들은 다음의 각 지능[하워드 가드너(Howard Gardner)의 다중지능 이론 참조]을 배울 수 있도록 여러 가지 영역의 활동으로 구성되어 있습니다. 각 과에 등장하는 아래의 아이콘들은 각 활동의 배움 영역을 보여 줍니다. 가르치면서 여러분 그룹의 어린이들이 어떤 영역에 가장 잘 반응하는지 지켜 보세요.

가나 언어적 지능 듣기, 읽기, 말하기, 쓰기와 토론, 이야기하기, 언어 게임	**음악적 지능** 소리와 음악, 리듬, 악기를 연주하거나 노래와 가사를 작곡하고, 음악을 듣고, 노래하는 활동
수학적 지능 문제 해결, 퍼즐이나 게임, 차트나 그래프, 또는 상황을 순서대로 배열하는 것	**대인관계 지능** 협력하고, 역할을 정하고, 대화를 나누고, 아이디어를 냄
공간적 지능 모양, 색깔, 디자인, 지도나 슬라이드, 사진, 비디오, 도표 사용	**자기이해 지능** 일기를 쓰거나 명상, 독서, 깊은 생각 등을 통한 독립적인 활동
신체-운동학적 지능 손을 움직이는 것, 몸을 움직이는 것, 인형 사용, 연극을 해 봄	**자연탐구 지능** 자연 산책이나 동식물 탐구, 자연 실험

위 내용은 다음으로부터 발췌해 온 자료입니다.
Multiple Intelligences in Classroom by Thomas Armstrong. © 2000; *A Chart Prepared* by Donald L. Griggs, Livermore, California

1 다시 사신 예수님을 만난 마리아

성경 본문
요한복음 19:16-42,
20:1-19

암송
사도행전 2:32
이 예수를 하나님이 살리신
지라 우리가 다 이 일에 증인
이로다.

오늘의 포인트
예수님은 죽음을 이기고 다시
살아나셨어요.

오늘의 만남

1. 안녕, 친구야!
선생님은 부활을 알렸던 천사로 분장을 하고 환한 미소로 어린이들을 맞이합니다.
• 부활절 성경 이야기 회상

2. 아하, 말씀이 재밌어요!
다시 사신 예수님의 이야기를 듣습니다.
• 성경 이야기: 다시 사신 예수님을 만난 마리아

3. 쑥쑥 말씀대로 자라요!
예수님이 살아나신 기쁨을 표현합니다.
• 예수님을 만난 마리아 이야기 순서 찾기

4. 으쓱, 나도 할 수 있어요!
예수님의 부활을 전합니다.
• 동작으로 표현하기 : 예수님이 다시 살아나셨어요

말씀 길잡이

로마 병사들은 예수님을 채찍질한 뒤, 예수님에게 자신의 십자가를 지고 골고다까지 가게 했습니다. 그들은 예수님의 겉옷을 빼앗았습니다. 그리고 예수님을 십자가에 못 박았습니다. 십자가형은 매우 고통스러운 사형 집행의 형태로서, 하나님의 저주를 받은 사람에게 가하

기도해요
예수님의 죽으심과 부활하심에 대해 예수님께 감사와 찬양을 드리세요. 감사를 표현하기에 적당한 말이 생각나지 않습니까? 고난주간과 부활절 찬송 중에서 좋아하는 찬송을 부르거나 찬송의 가사로 기도를 대신해 보십시오.

는 형벌이었습니다(신 21:23). 예수님이 돌아가신 이후에, 군인들은 예수님의 옆구리를 창으로 찔렀습니다. 빌라도는 아리마대 사람 요셉이 예수님의 시체를 십자가에서 내려 장사하도록 허락했습니다. 예수님은 하나님의 사람들이었던 지도자들에 의해 형을 선고받고, 로마 당국에 의해 사형이 집행되었습니다. 예수님은 우리가 받아야 할 최종적인 형벌을 견디셨고, 고통 받고 죽으심으로 우리의 죄를 담당하셨으며, 우리가 하나님 앞에 바로 설수 있도록 해 주셨습니다. 이러한 사건들은 우리가 그리스도의 놀라운 선물에 대해 깊은 감사를 가지게 하는 동시에 깊은 슬픔에 잠기게 하기도 합니다. 이러한 감정을 어린이들과 나누는 것을 두려워하지 마십시오.

그러나 이야기의 첫부분만 하나님께 감사드릴 때가 많습니다. 어린이들에게 반드시 이야기의 나머지 부분도 이야기해 주십시오.

예수님이 돌아가신 수난일의 어둠 속에서, 부활의 기쁨은 의심 많은 제자들에게 서서히 밝아오기 시작했습니다.

부활의 아침, 일찍 무덤에 도착한 막달라 마리아는 예수님의 무덤이 비어 있음을 알고 너무나 당황했습니다. 마리아는 베드로와 요한에게 알렸고, 그들은 무덤으로 달려왔습니다. 요한은 베드로보다 먼저 도착했습니다. 요한은 무덤 입구에서 잠시 멈추어서, 베드로가 먼저 들어가도록 했습니다. 그들은 세마포를 보았고, 예수님의 머리를 쌌던 수건이 쌌던 대로 잘 놓여 있는 것을 보았습니다. 무슨 일이 일어났건 간에 그 일은 매우 질서 있게 일어났습니다. 도둑을 당한 흔적도 없었습니다. 이것을 보고 요한은 믿게 되었습니다(요 20:8).

막달라 마리아는 예수님이 그녀의 몸에 있던 귀신을 쫓아내신 후부터 예수님의 헌신적인 추종자로 그분을 따랐습니다(막 16:9, 눅 8:2). 베드로와 요한이 떠나고 난 후 그녀는 무덤으로 돌아가서 무덤 안에 있던 두 천사를 발견했습니다. 슬픔에 복받쳐서 마리아는 그들에게 "사람들이 내 주님을 옮겨다가 어디 두었는지 내가 알지 못함이니이다."라고 말했습니다(요 20:13). 그리고 뒤를 돌아보았을 때, 마리아는 예수님을 만났지만 그를 동산지기라고 착각했습니다. 마리아는 그가 예수님의 시체를 가져갔다고 여기고 어디로 가야 예수님의 시체를 찾을 수 있을지 말해 달라고 간청했습니다. 그러나 예수님이 마리아의 이름을 부르자마자 마리아는 예수님을 알아보았습니다. 마리아는 예수님을 "랍오니(나의 선생님이여)"라고 불렀습니다(16절). 그리고 마리아는 헌신적인 사랑의 표현으로 예수님의

함께 나눠요

지난 과에서 들었던 예수님의 부활을 다시 한 번 더 충분히 강조하시기 바랍니다. 죽음이 어린이들이 이해하기에는 아직 어려운 개념일지라도, 예수님이 어린이들을 위해 얻어 주신 상이 무엇인지는 가르칠 수 있습니다.

발을 잡으려 했습니다.

예수님은 마리아에게 예수님이 아직 아버지께로 올라가지 못하셨기 때문에 예수님을 붙들지 말라고 말씀하셨습니다. 그리고 또한 예수님은 자신의 죽음과 부활을 통하여 우리를 위해 획득하신 위대한 상에 대해 그녀에게 말씀해 주셨습니다.

"내가 내 아버지 곧 너희 아버지, 내 하나님 곧 너희 하나님께로 올라간다"(17절). 예수님은 우리를 지금부터 영원까지 하나님의 가족으로 불러주셨습니다. 할렐루야!

마리아는 모든 믿는 사람들이 부활에 어떻게 반응할 수 있는지, 또는 어떻게 반응할지를 보여 줍니다. 마리아는 다른 사람들과 함께 부활의 좋은 소식을 나누기 위해 급하게 달려감으로써 자신의 기쁨과 흥분을 표현했습니다. 예수님은 돌아가셨지만, 이제 살아계십니다. 어떻게 이런 사실을 나 혼자만 알고 있을 수 있을까요?

1 안녕 친구야! 가나다 언어 / 대인관계 / 공간

가나다 대인관계 안녕, 안녕!

선생님은 부활을 알렸던 천사로 분장을 하고
"예수님을 만나러 온 ○○야, 반가워." 하며
환한 미소로 어린이들을 맞이합니다.

가나다 대인관계 공간 마음 열기
부활절 성경 이야기 회상

부활주일 설교 때 사용했던 그림 자료나 소품
을 미리 준비해 둡니다. 어린이들이 부활주일
그림 자료와 소품을 보면서 성경 이야기를 떠
올려 보도록 합니다. 내용을 떠올리며 조금씩
이야기를 이어갈 때, 부활하신 예수님을 만난
사람들이 했던 말을 표현해 보고 그들의 마음
도 느껴 보도록 돕습니다.

2 아하 말씀이 재밌어요! 가나다 언어 / 공간

다시 사신 예수님을 만난 마리아

마리아와 베드로, 요한, 예수님 인형을 가지
고 인형극으로 진행합니다(등장인물의 목소
리 연기가 필요합니다).
천사 복장을 한 사람이 해설을 합니다.
※ 등장인물 – 마리아 • 베드로 • 요한 • 예수
님 인형, 천사 복장을 한 해설자
※ 배경 – 돌문이 열린 무덤 배경, 마을 그
림 배경

나는 예수님을 돕기 위해 온 천사예요.
예수님이 살아나셔서 사랑하는 사람들을 돌아
보시는 것을 도와드리기 위해서 왔어요.
나는 예수님이 돌아가셨다고 슬퍼하고 있을
사람들을 만나서 기쁜 부활의 소식을 전할 거
예요. 그리고 다시 살아나신 예수님은 사람들
에게 하나님의 위로와 평화를 전하실 거예요.

저기 보세요! 사람들이 예수님의 무덤이 있는
이곳으로 올라오고 있어요. 빨리 가서 예수님
이 살아나신 기쁜 소식을 알려야겠어요!

(마리아 인형이 무덤을 둘러보는 듯 왔다 갔
다 하다가 슬퍼하면서 내려간다.)
그런데 마리아가 나를 발견하지 못하고 그냥 발
걸음을 돌려 내려가고 말았어요. 너무 슬퍼서 자
세히 볼 수가 없었나 봐요. 불쌍한 마리아……

(마리아 인형이 베드로와 요한 인형이 있는
마을에 등장한다.)
"베드로님, 아까 예수님의 무덤에 가 봤는데
글쎄 무덤 문이 열려 있지 않겠어요? 놀라서
무덤 안을 들여다봤더니 무덤 안은 텅 비어
있었어요, 흑흑. 누가 우리 예수님을 옮겼을
까요?"
"아니, 그럴 리가 있나요? 어서 가 봅시다."

(베드로 인형이 먼저 앞서고 요한과 마리아 인형이 따라서 다시 무덤가로 간다.)
조금 있다가 예수님의 제자들이 이쪽으로 뛰어왔어요. 마리아는 여전히 슬프고 당황스러운지 나를 알아보지 못했어요. 베드로는 여기 무덤까지 들어와서 확인을 했어요. 요한은 밖에 서서 베드로가 나오기만을 기다리고 있었고, 베드로는 곧 나가서 요한과 이야기를 나눴어요.
그런데 이 사람들도 나를 알아보지 못하네요! 믿을 수 없다는 듯이 요한도 무덤 안까지 들어왔다가 힘없이 나갔어요. 하지만 여러분, 무덤 안에 예수님이 계실 리가 없잖아요?
"예수님을 쌌던 천은 그대로 잘 놓여 있는데 예수님은 어디 둔 걸까?"
"그러게 말이야."

(요한 인형과 베드로 인형이 무덤가를 떠난다. 마리아 인형만 남아 울면서 이리저리 예수님을 찾고 있다.)
"예수님, 나를 사랑하시는 우리 예수님, 어디에 계신 거예요? 예수님……. 정말 보고 싶어요. 예수님 없이 어떻게 살 수 있을까요? 예수님, 흑흑."

(이때 천사가 마리아에게 다가온다.)
"왜 그렇게 슬퍼하고 있나요?"
"누군가가 우리 주님을 가져다가 어디 두었는지 알지 못해서 울고 있어요."

(이때 예수님 인형이 등장한다.)
"여자여, 왜 울고 있느냐? 누구를 찾고 있느냐?"
"여보세요, 당신이 예수님을 옮겨갔나요? 예수님을 어디 두었는지 내게 알려 주세요. 흑흑."

(예수님 인형이 마리아 인형에게 더 다가오며)
"마리아야!"

(마리아 인형이 깜짝 놀라 뛰며 예수님 손을 잡으려고 몸을 돌리며)
"예수님!"
"마리아야, 내가 아직 아버지께 올라가지 않았으니 나를 만지지 말라. 너는 가서 네 형제들에게 내가 내 아버지 곧 너희 아버지, 내 하나님 곧 너희 하나님께로 올라간다고 전하라."

(마리아 인형이 기쁨에 겨워서 펄쩍펄쩍 뛰면서 춤을 춘다.)
"예수님, 와! 우리 예수님이 살아나셨군요! 정말 꿈만 같아요. 제가 꿈을 꾸고 있는 것은 아니죠? 사랑해요, 예수님. 얼른 가서 예수님이 살아나신 이 기쁜 소식을 전하고 올게요. 예수님도 같이 가시나요? 예수님, 나의 사랑하는 예수님!"

(마리아 인형은 뛰어서 내려가고 예수님 인형은 사라진다. 마리아 인형이 베드로와 요한에게 뛰어와서 말한다.)
"여러분! 예수님이 다시 살아나셨어요. 예수님이 이 소식을 전하라고 하셔서 왔어요! 예수님은 다시 살아나셨어요!"

(예수님 인형이 나타난다.)
그때였어요. 제자들이 모인 곳에 예수님이 나타나셨어요. 문도 열지 않았는데 말이에요. 거기에 있던 모든 사람들이 살아나신 예수님을 기쁨과 놀라움으로 바라보았어요.
"너희에게 평강이 있을지어다."

예수님이 사랑하는 사람들에게 나타나서 평강을 전하실 때 모든 사람들의 마음에 예수님의 사랑과 평화가 가득해졌어요.

3 쑥쑥 말씀대로 자라요!

언어   대인관계   공간   자기이해

목표

예수님이 살아나신 기쁨을 표현합니다.

활동 자료

1. 성경 이야기 그림(예꿈 그림책 B권 1과)
2. 예꿈B 교회학교용(1과)
3. 색연필

예수님을 만난 마리아 인형 만들기

❶ 사랑 쑥쑥 [가나다] [대인]
반 친구들과 인사

옆에 앉아 있는 친구에게 귓속말로 "○○야, 예수님이 살아나셨어."라고 '말 전하기'를 하며 인사합니다. 먼저 선생님이 귓속말을 하듯 두 손을 입에 대고 시범을 보입니다. 만약 말을 전달하는 것이 서투르다면 다함께 말하게 하세요. "예수님은 살아나셨어요. 지금도 우리와 함께 계세요."라고 말하며 마무리합니다.

❷ 말씀 쑥쑥 [가나다]
암송

사도행전 2장 32절
이 예수를 하나님이 살리신지라 우리가 다 이 일에 증인이로다.

선생님과 함께 암송 말씀을 한 구절씩 따라 합니다. 말씀 속의 '증인'이라는 단어를 쉽게 풀이해 설명해 줍니다(예-어떤 일을 생생하게 증언할 수 있는 사람). 다시 한 번 선생님을 따라 암송해 봅니다.

❸ 생각 쑥쑥 [가나다] [공간] [자기이해]
성경 이야기 회상

– 예꿈 그림책의 성경 이야기 그림을 보며 이야기를 나눕니다.
• 마리아는 왜 슬펐나요?
• 마리아는 무덤에서 누구를 만났나요?
• 울고 있던 마리아는 무엇 때문에 기뻐하게 되었나요?

• 내가 마리아처럼 다시 사신 예수님을 만난다면 어떻게 할까요?

❹ 믿음 쑥쑥
말씀 심화 활동
– 부활하신 예수님을 만난 마리아의 이야기를 생각하며 기쁨을 표현합니다.
• 예꿈 교회학교용 5쪽 그림을 보고 순서에 맞게 이야기를 꾸며 봅니다.
• 예꿈 교회학교용 6쪽 그림에 색칠하며 마리아의 기쁨을 느껴 봅니다.
• 마리아처럼 예수님의 살아나심을 기뻐하며 "예수님이 살아나셨어요!" 하고 외쳐 봅니다.

4 으쓱 나도 할 수 있어요!

 언어   신체 대인관계

동작으로 표현하기 : 예수님이 다시 살아나셨어요

목표

예수님의 부활을 전합니다.

❶ 마음 으쓱
• 슬퍼하던 마리아에게 천사는 어떤 소식을 알려 주었나요?
• 마리아는 제자들에게 어떤 소식을 알려 주었나요?
• 여러분도 예수님의 살아나심을 알릴 수 있나요?

❷ 몸 으쓱
– 천사와 마리아의 역할을 동작과 말로 표현하며 예수님의 부활을 전합니다.
• 두 편으로 나누어 마주 섭니다.

• 한 편은 천사 역할, 다른 한 편은 마리아 역할을 맡습니다.
• 천사 역할을 맡은 편은 날갯짓을 하고, 마리아 역할의 편은 슬프게 웁니다.
• 이때 천사 편이 "예수님이 다시 살아나셨어요." 하고 크게 외치면 마리아 편도 "예수님이 다시 살아나셨어요."라고 외칩니다.
• 두 편이 역할을 바꿔서 해 봅니다.
• 다시 한 번 다함께 외치며 마무리합니다.

2 다시 사신 예수님을 만난 도마

성경 본문
요한복음 20:24-31

암송
사도행전 2:32
이 예수를 하나님이 살리신
지라 우리가 다 이 일에 증인
이로다.

오늘의 포인트
우리는 예수님을 직접 볼 수는
없지만, 예수님이 지금도 살아
계시다는 것을 알고 있어요.

오늘의 만남

1. 안녕, 친구야!
부활의 기쁨을 나누며 어린이들을 맞이합니다.
• 비밀상자 놀이

2. 아하, 말씀이 재밌어요!
예수님을 만나 도마의 이야기를 듣습니다.
• 성경 이야기 : 도마 이야기

3. 쑥쑥 말씀대로 자라요!
예수님을 보지 못해도 예수님이 함께 계심을 압
니다.
• '도마 안경' 만들기

4. 으쓱, 나도 할 수 있어요!
예수님을 보지 못해도 예수님이 함께 계심을 찬양
합니다.
• 율동 찬양 : 내 맘에 내 맘에

말씀 길잡이

예수님의 제자들은 잠긴 문 안에서 모임을 갖
고 있었습니다. 예수님은 문을 두드리거나 문
을 여시지 않고 갑자기 그들 가운데 나타나셨
습니다. 이것은 너무나 놀라운 기적이었음에

기도해요

어린이들이 예수님을 경험하도록 도우려는 우
리의 어떤 노력도 성령의 역사 없이는 실패하
고 말 것입니다. 성령님이 여러분이 전하는 말
과 간증을 어린이들의 마음속에 뿌리내리도록
하셔서 그리스도 안에서 어린이들의 믿음이 자
랄 수 있도록 기도하십시오.

도, 예수님은 그들에게 일상적인 인사를 건네
셨습니다. "샬롬!"(요 20:19) 두려워하고 있는
제자들에게 그 인사는 일상적 안부보다 더 깊
은 의미를 가지고 있었습니다. 그래서 예수님
은 두 번째로 인사를 건네셨습니다. "너희에
게 평강이 있을지어다!"(21절).
예수님은 왜 그들에게 자신의 손과 옆구리를
보여 주셨을까요? 이전에 제자들이 예수님을
보았을 때, 예수님은 십자가에서 못 박히는 상
처를 입으신 상태였던 것을 기억해 보십시오.
이 상처가 남긴 자국들은 예수님은 귀신이나
영의 상태가 아니신 것을 증명해 주었습니다.
어찌되었든지, 제자들은 그들의 주님이 정말
로 살아나셔서 건강한 모습으로 그들에게 말

씀하는 것을 깨닫고 기쁨으로 가득 찼습니다. 그리고 예수님은 숨을 내쉬시고, 그들에게 권한을 부여하셨습니다. 예수님의 승천과 오순절 사건에 앞서서, 예수님은 제자들에게 성령의 능력을 주시고 사도의 권위를 주셨습니다. 제자들은 이제 어디에 가든지 하나님의 용서의 복음을 전하는 예수님의 공식적인 대표자가 되는 굉장한 책임을 갖게 되었습니다.

그런데 도마는 왜 그렇게 의심이 많았을까요? 예수님이 나타나셨을 때 혼자만 빠져 있었기 때문에 화가 났던 것일까요? 그는 자기의 감각으로 직접 확인한 것만 믿는 사람이었을까요? 그가 다른 사람들의 간증을 받아들이기를 거절해 왔기 때문에 직접 예수님을 보아야만 했을까요? 아마도 도마의 마음속에서는 최근에 일어난 충격적 사건들 때문에 제자들이 자기가 바라는 내용의 꿈을 꾸는 상태에 빠졌거나, 귀신에 지나지 않은 것을 보았을 뿐이라고 생각했을 것입니다.

많은 사람들이 도마가 의심한 것을 비판합니다. 그러나 이렇게 중요한 사건에 대해 우리는 조심할 필요가 있습니다. 구원의 문제가 여기에 달려 있기 때문입니다. 그는 제자들이 보았다고 믿는 것이 무엇이든 간에 그것이 십자가에서 죽으셨던 예수님과 같은 존재라는 것을 확인할 필요가 있었습니다. 보이는 것만으로는 속을 수 있기 때문에, 그는 예수님을 보는 것뿐 아니라 상처를 실제로 느껴볼 것을 주장했던 것입니다(25절).

갑자기 육신으로 나타나신 예수님을 도마가 대면했을 때, 모든 의심은 그의 마음에서 사라졌습니다. 그는 예수님을 자신의 주님이자 자신의 하나님으로 부르면서 믿음으로 반응했습니다(28절). 도마가 마침내 '깨닫게' 된 것입니다.

우리는 예수님의 부활에 관해 직접 경험한 후 확신을 얻지 않습니다. 우리는 그럴 필요가

없습니다. 우리에게는 예수님이 부활하신 것을 보았던 수많은 믿을 수 있는 증인들이 있습니다. 그들의 간증이 성경에 확실하게 기록되어 있습니다.

예수님의 육신을 보지 못한 것이 우리의 믿음을 약하게 하고 신뢰성이 떨어지도록 만듭니까? 우리가 영원히 "의심하는 도마"와 같은 삶을 살아가야 합니까? 절대 그렇지 않습니다! 예수님은 도마에게 다음과 같이 말씀하면서 우리의 마음을 더 확고하게 하셨습니다. "너는 나를 본 고로 믿느냐 보지 못하고 믿는 자들은 복되도다"(29절). 성령님은 우리가 하나님의 말씀을 듣고 읽는 것을 통해 우리의 마음에 도마에게 부족했던 확신을 견고하게 심어 주십니다. 예수님은 부활하셨습니다. 이 중요한 역사적인 사실로 인해서 여러분은 여러분의 영생을 확신할 수 있습니다.

1 안녕 친구야!

안녕, 안녕!

제자들로 분장하고 "다시 사신 예수님은 ○○
이를 사랑하세요."라고 인사하며 어린이들을
맞이합니다. 선생님이 느끼는 부활의 확신과
기쁨, 감사와 환희 등의 감정을 풍성히 나누
며 어린이들을 맞이하십시오.

마음 열기

비밀상자 놀이

비밀상자에 촉감을 이용하여 탐색할 수 있는
물건(숟가락, 작은 공, 돌 등)이나 모양을 탐
색할 수 있는 물건(세모, 네모, 동그라미 블록
등)을 넣어 두고 어린이들이 손으로 물건을
만져서 알아맞히는 놀이를 합니다.

2 아하 말씀이 재밌어요!

도마 이야기

도마는 예수님의 12명의 제자들 중 한 명이
라는 것을 알려 주고 이야기를 시작합니다.

다시 사신 예수님을 만난 마리아는 너무나 행
복했어요.
마리아는 다시 사신 예수님을 만난 기쁜 소식
을 제자들에게 전해 주고 싶었어요. 마리아는
제자들이 있는 곳으로 달려가 말했어요.
"제가 예수님을 보았어요. 예수님이 살아나셨
어요!"
마리아의 이야기를 들은 예수님의 제자들은
모두 놀랐어요.

마리아의 말을 믿으며 기뻐하는 제자도 있었
고, 정말 예수님이 다시 살아났을까 의심하는
제자도 있었어요.

그날 밤, 모든 제자들이 함께 모여 있었어요.
그 자리에 도마만 없었어요. 제자들은 두려워
서 모든 문들을 잠그고 한 집에 모여 있었어요.
그때였어요. 모든 문들이 닫혀 있는데 갑자기
예수님이 나타나셨어요!
예수님은 모여 있는 제자들에게 말씀하셨어
요. "너희에게 평강이 있을지어다."
그러고 나서 예수님은 제자들에게 십자가에
못 박히셨던 손과 옆구리의 자국을 보여 주셨
어요. 제자들은 그분이 예수님인 것을 알았어
요. 마리아의 말처럼 예수님이 살아나신 거예

14

요!
예수님은 제자들에게 다시 말씀하셨어요.
"성령을 받으라."
예수님을 만난 제자들은 너무나 행복하고
기뻐서 춤을 추었어요.

도마는 예수님이 오셨을 때 다른 제자들과
같이 있지 않았어요. 그래서 제자들은 도
마를 만나자마자 예수님을 만난 이야기를
들려주었어요.
"도마, 우리가 다시 사신 예수님을 보았어
요! 예수님이 다시 살아나셨어요!"
그러나 도마는 고개를 흔들며 말했어요.
"내 눈으로 예수님을 직접 보지 않고서는
믿지 못하겠어요! 예수님을 보고, 예수님
의 손과 발에 있는 못자국을 만져 봐야겠어
요. 그래야 예수님이 다시 살아나신 것을
믿겠어요." 도마는 다른 제자들의 말을 믿
지 않았어요.

일주일 후, 제자들이 다시 집에 모여 있을
때였어요.
이번에는 도마도 제자들과 함께 있었어요.
이때도 모든 문은 잠겨 있었지요.
갑자기 예수님이 그들 앞에 서 계셨어요.
예수님이 말씀하셨어요.
"너희에게 평강이 있을지어다."

예수님을 본 도마의 눈은 동그래졌어요.
예수님의 부드러운 목소리를 들은 도마는
떨고 있었어요. 그때, 예수님이 도마에게
다가오셔서 말씀하셨어요.
"도마야, 네 손가락을 이 못자국에 넣어 보
아라. 내 손과 옆구리를 보아라. 나는 살아
났다! 의심하지 말고 믿어라."
예수님을 만난 도마는 의심하지 않고 믿었
어요. 그리고 도마가 말했어요.
"예수님, 예수님은 나의 주님이고 나의 하
나님이세요!"
예수님이 말씀하셨어요.
"도마야, 너는 나를 보았기 때문에 믿었다.
그러나 많은 사람들은 나를 보지 않고도 내
가 살아난 것을 믿을 것이다. 그들은 축복
된 사람들이다."
다시 사신 예수님을 만난 도마는 너무나 행
복했어요.

예수님은 제자들이 볼 수 있도록 놀라운 일
들을 많이 하셨어요. 그 놀라운 일을 통해
우리는 예수님이 하나님의 아들이라는 것
을 믿을 수 있어요.

3 쑥쑥 말씀대로 자라요!

 언어 자기이해 음악 공간

목표

예수님을 보지 못해도 예수님이 함께 계심을 압니다.

활동 자료

1. 성경 이야기 그림(예꿈 그림책 B권 2과)
2. 예꿈B 교회학교용(2과)

'도마 안경' 만들기

❶ 사랑 쑥쑥 가나 ☺
반 친구들과 인사

선생님은 교회학교용의 '도마 안경'을 미리 만들어 쓰고 어린이들을 만져 보며 확인한 후, 어린이들의 이름을 부르며 인사를 나눕니다.

❷ 말씀 쑥쑥 가나 ♫
암송

사도행전 2장 32절
이 예수를 하나님이 살리신지라 우리가 다 이 일에 증인이로다.

선생님을 따라 한 구절씩 해 본 후, 손뼉 장단에 맞춰 외워 봅니다. 다른 타악기를 이용하여 리듬을 살리며 외우는 것도 좋습니다.

❸ 생각 쑥쑥 가나 ◉
성경 이야기 회상

– 예꿈 그림책의 성경 이야기 그림을 보며 이야기를 나눕니다.
• 도마는 왜 예수님이 다시 사신 것을 믿지 못했나요?
• 도마는 어떻게 예수님이 살아나신 것을 알게 되었나요?
• 우리는 예수님이 살아나신 것을 어떻게 알 수 있나요?

❹ 믿음 쑥쑥
말씀 심화 활동

– '도마 안경'을 쓰고 예수님의 살아계심을 느껴 봅니다.
• 예꿈 교회학교용 25쪽에서 '도마 안경'을 떼어 내어 접습니다.
• 렌즈 부분의 칼선을 떼어 위로 접습니다.
• 안경을 쓴 상태에서 렌즈 부분의 덮개를 덮고 보이는지 안 보이는지 주변을 둘러봅니다.
• 덮개를 젖혔을 때 무엇이 보이는지 이야기합니다.
• 예수님을 보지 못해도 예수님이 늘 우리와 함께 계신다는 것을 이야기 나누고 마무리합니다.

4 으쓱 나도 할 수 있어요!

언어   대인관계   음악   신체

율동 찬양 : 내 맘에 내 맘에

목표

예수님을 보지 못해도 예수님이 함께 계심을 찬양합니다.

❶ 마음 으쓱
– 눈에 보이지 않지만 존재하고 있는 것들을 주변 사람을 통해 알아 보고, 예수님도 눈에 보이지 않지만 우리와 함께 계심을 깨닫습니다.
1. 눈에 보이는 사람에 대해 물어 봅니다.
• "○○ 선생님이 보이나요? 어디 계신가요?"
• "전도사님이 보이나요? 어디 계신가요?"
2. 눈에 보이지 않지만 교회에 계시는 분을 예를 들며 물어 봅니다.
• "목사님이 보이나요? 어디에 계실까요?"
• "그래요. 우리 눈에 안 보여도 목사님이 계신다는 것을 알 수 있어요."
3. 이처럼 눈에 보이지 않아도 예수님은 우리와 함께 계신다는 것을 이야기합니다.
4. 예수님이 우리와 함께 있음을 입술로 고백해 보고 감사의 기도를 드립니다.

❷ 몸 으쓱
– 찬송을 부르며 우리와 함께 계신 예수님을 찬양합니다.
• "내 맘에 내 맘에 예수님이 살고 계시네"를 찬양합니다.
• 찬양의 가사에 맞춰 율동을 만들어 찬양합니다.
• "예수님은 지금도 우리와 함께 계세요!"라고 외친 후 마무리합니다.

3 하늘로 올라가신 예수님

성경 본문
마태복음 28:16-18,
사도행전 1:1-11

암송
사도행전 2:32
이 예수를 하나님이 살리신
지라 우리가 다 이 일에 증인
이로다.

오늘의 포인트
살아나신 주 예수님은 하나님
나라로 올라가셨고, 지금도
우리와 함께 계세요.

오늘의 만남

1. 안녕, 친구야!
   구름 모자를 쓴 선생님들이 비눗방울을 불어 주
   며 어린이들을 환영합니다.
   • 인형으로 숨바꼭질하기

2. 아하, 말씀이 재밌어요!
   살아나신 예수님이 하나님 나라로 올라가신 이야
   기를 듣습니다.
   • 성경 이야기 : 하늘로 올라가신 예수님

3. 쑥쑥 말씀대로 자라요!
   하나님 나라로 올라가신 예수님이 지금도 우리와
   함께하신다는 것을 압니다.
   • '예수님 구름시계' 만들기

4. 으쓱, 나도 할 수 있어요!
   예수님이 언제 어디서나 우리와 함께하심을 말할
   수 있습니다.
   • 게임 : 예수님은 여기 계세요

말씀 길잡이

예수님의 승천은 세 가지 관점에서 조명될 수
있습니다.

기도해요

승천하신 우리 주님께 영광을 돌려드릴 마땅한
단어를 찾는 것이 어려울 수도 있습니다. 찬송
가나 찬양 악보를 보고, 여러분의 마음속에 있
는 내용을 의미 있게 기도드릴 수 있는 적절한
단어가 있는지 찾아보십시오.

1. 우주적 관점
그리스도께서는 지금 천국에서 하나님 아버지
의 우편에 앉아 계시면서, 모든 만물에 대한
권세를 행사하고 계십니다(마 28:18).
2. 선교적 관점
예수님은 하나님께서 성령을 넘치도록 부어
주시도록 이 땅을 떠나셨습니다(요 16:7).
3. 개인적 관점
우리와 함께하시는 예수님의 능력은 더 이상
육체적인 임재가 아닌, 우리 안에 내재하시는
성령님을 통한 영적인 임재입니다.

이 과에서 우리는 첫 번째와 세 번째 관점에

초점을 맞추고, 두 번째 관점은 다음 과인 오순절을 위해 남겨둘 것입니다.

누가는 예수님이 하늘로 '승천'하셨고(행 1:2), "구름이 그를 가리어 보이지 않게" 할 때까지 하늘로 올려 가셨다고 기록합니다. 이 구름은 '셰키나', 즉 눈으로 볼 수 있는 하나님의 임재의 표현입니다(출 40:34). 이는 예수님이 아버지께로 돌아가셨다는 것을 나타냅니다. 천사들은 예수님이 마지막 때에 영광스럽게 재림하실 때까지 다시 나타나시지 않을 것이라는 사실을 설명해 주었습니다.

구원자 예수님은 새로운 역할을 맡기 위해 떠나셨습니다. 예수님은 마치 총리가 그러하듯(고전 15:25-28), 하나님 아버지를 대리하여 온 우주를 다스리는 지도자가 되셨습니다. 초대 교회는 이것을 매우 중요하며 우리에게 위로를 주는 사실로 받아들이고, 다음과 같은 단순한 고백으로 나타냈습니다. "예수님은 주님이십니다."

어린이들은 이 모든 의미를 깨닫지는 못할 것입니다. 그러나 지금으로서는 어린이들이 예수님이 하나님께로 가셔서 하늘에서 하나님과 함께 계시면서 우리와 이 세상을 돌보신다는 것을 아는 것으로 충분합니다.

예수님의 승천이 지상에 남아 있는 제자들에게는 예수님이 이 땅에 이스라엘 나라를 세우실 때라는 희망으로 받아들여졌다는 것에 주목하십시오(행 1:6). 만약 그 때가 아니라면, 예수님이 언제쯤 하나님의 왕국을 도래하게 하실까요? 예수님의 대답은 부드러운 꾸짖음이었습니다. "때와 시기는 너희가 알 바 아니요"(7절). 그러나 그들을 떠나심으로, 예수님은 다시 오실 때까지 그 일이 일어나지 않을 것을 확실히 하셨습니다.

여러분은 예수님이 하늘로 올라가셔서 하나님과 함께 계시며 우리를 돌보아주신다는 사실을 어린이들이 깨닫기 원할 것입니다. 그러나

여러분은 어린이들에게 개인적인 영역도 보여 주기 원할 것입니다. 그 자신이 하나님이시므로, 예수님은 언제 어디서나 우리와 함께 계십니다. 이 사실은 우리에게 너무나 큰 위안을 줍니다. 우리는 예수님을 볼 수 없습니다. 우리는 예수님을 만질 수 없습니다. 그러나 우리의 구주이자 친구이신 예수님은 우리가 숨을 쉬는 공기만큼이나 우리와 가까이 계십니다. 예수님은 우리를 사랑하시고, 우리의 필요를 아시며, 우리를 대신하여 하나님 아버지의 귀에 우리의 필요를 계속해서 말씀해 주십니다.

오늘의 성경 이야기는 예수님이 제자들을 떠나신 내용임에도 불구하고, 예수님이 돌아가셨을 때와 같은 비탄과 슬픔이 없습니다. 그것은 제자들이 예수님의 약속을 믿었기 때문이었습니다. "내가 세상 끝날까지 너희와 항상 함께 있으리라"(마 28:20). 우리 마음속에 성령님이 계시기 때문에 우리와 예수님과의 관계는 결코 끊어지지 않습니다.

1 안녕 친구야!
대인관계 언어

👥 가나 안녕, 안녕!
어린이들이 들어오는 예배실 입구 천장에 솜이나 펠트지로 만든 구름을 매달아 하늘처럼 꾸며 놓습니다. 구름 모자를 쓴 선생님들이 비눗방울을 불어 주면서 "샬롬!" 인사를 하며 어린이들을 환영합니다.

가나 마음 열기
인형으로 숨바꼭질 놀이

인형을 여러 개 준비하여 어린이들과 인형으로 숨바꼭질 놀이를 합니다. 가능하다면 가족 구성원이 될 수 있게 인형을 준비하여 인형 중 하나를 수건이나 보자기를 덮어 숨깁니다. 어느 인형이 사라졌나 알아맞혀 보는 놀이를 합니다.

2 아하 말씀이 재밌어요!
언어 공간

하늘로 올라가신 예수님

그림을 준비하여 보여 주면서 진행합니다.
1) 제자들이 모여서 기도하는 그림
2) 예수님이 말씀을 전하는 그림
3) 제자들이 손을 들고 기도하는 그림
4) 제자들이 하늘을 쳐다보고 있는 그림
5) 예수님이 구름 속으로 올라가는 그림

＊ 5번 그림만 색채로 준비하고 나머지 그림은 흑백으로 준비해서 승천하신 예수님을 기억하게 하는 방법도 있습니다.

하나님께서 예수님을 다시 살리셔서 예수님은 사랑하는 사람들과 40일 동안 같이 지내셨어요. 40일이 되는 날, 예수님은 이제 하나님 곁으로 가셔야 했어요. 그래서 남아 있는 예수님의 사랑하는 사람들에게 부탁의 말을 전하셨어요.

(제자들이 기도하는 그림을 보여 주며) 제자들은 예수님이 다시 살아나셔서 함께해 주신 것이 감사해서 늘 모여서 기도했어요. 예수님을 위해 할 수 있는 일은 바로 함께 모여서 기도하는 것이라고 생각했기 때문이지요. 그때 예수님이 사랑하는 사람들이 기도하는 자리에 나타나셨어요. (말씀을 전하는 예수님 그림을 제자들이 모여 있는 그림 사이에 세운다.)

"내가 이제 하늘(하나님 나라)로 올라가야 할

때가 되었구나. 내가 하늘로 올라가면 성령님이 나를 대신해서 너희에게 오실 것이다.
성령님이 오시면 너희들은 하나님의 능력과 힘을 가지게 되어 내가 너희에게 보여 주었던 일보다 더 큰일을 하게 될 것이다. 나를 만난 일을 여러 사람들에게 전해라. 너희는 나를 보고 만나고 함께 살아온 증인이란다.
모든 사람들에게 하나님의 사랑과 하나님의 나라에 대해 전해 주어서 나의 제자가 되게 하여라.
내가 너희와 함께해서 영원히 너희들을 지켜 줄 것이니 용기를 가지고 힘을 내어라.”

(제자들이 손을 들고 기도하는 그림으로 바꾼다.) 제자들은 예수님의 말씀을 듣고 두 손을 들고 열심히, 그리고 간절히 기도를 했어요. 예수님이 하늘로 올라가시고 성령님이 오신 후 자기들이 예수님의 증인으로 사람들에게 하나님의 사랑을 전할 수 있도록 말이죠.

(제자들이 서서 하늘을 보고 서 있는 그림으로 바꾼다.) 예수님은 하늘로 올라가시기 전에 다시 한 번 제자들에게 말씀하셨어요.
“성령님이 너희에게 오시면 너희들에게 새로운 힘과 능력이 생겨서 온 세상에 하나님의 사랑을 전하는 강한 증인이 될 것이다.”

예수님은 하늘을 향해 구름 속으로 올라가셨어요. (예수님이 구름 속으로 올라가는 색채 그림을 보여 준다.) 제자들은 예수님이 구름 속으로 사라지는 것을 끝까지 올려다보고 있었어요. 그리고 예수님이 하늘로 올라가면서 하신 말씀을 마음에 깊이 새기면서 감람산을 내려왔어요.

3 쑥쑥 - 말씀대로 자라요!

 대인관계   언어   신체   공간

목표

하나님 나라로 올라가신 예수님이 지금도 우리와
함께하신다는 것을 압니다.

활동 자료

1. 성경 이야기 그림(예꿈 그림책 B권 3과)
2. 예꿈B 교회학교용(3과)
3. 가위, 풀

'예수님 구름시계' 만들기

❶ 사랑 쑥쑥 가나다
반 친구들과 인사

선생님이 어린이들의 이름을 한 명씩 부르면서 "○○에게 샬롬!" 하면, 어린이들이 다같이
○○를 향해 "샬롬" 하면서 인사합니다.

❷ 말씀 쑥쑥 가나다
암송

사도행전 2:32

이 예수를 하나님이 살리신지라 우리가 다 이 일에 증인이로다.

 | | | | |

이 예수를	하나님이	살리신지라	우리가 다	이 일에	증인이로다
(짝짝 박수 2번)	(팔을 하나씩 위로 올리기)	(두 팔로 만세 하듯 이 위로 쭉 펼치기)	(양손을 한 쪽씩 가 슴으로 모으기)	(한 쪽씩 차례대로 펼치기)	(손을 모아 입에 대고 외치기)

선생님과 어린이들이 함께 손유희를 하며 말씀을 암송합니다.

❸ 생각 쑥쑥 가나다
성경 이야기 회상

– 예꿈 그림책의 성경 이야기 그림을 보며 이야기를 나눕니다.
• 예수님은 제자들과 작별 인사를 한 후 어디로 올라가셨나요?
• 예수님이 하나님 나라로 올라가시면서 약속하신 것은 무엇인가요?
• 예수님은 우리와 항상 함께하시나요?

❹ 믿음 쑥쑥 가념 👁
말씀 심화 활동
– '예수님 구름시계'를 만들며 예수님의 이야기를 떠올립니다.
• 예꿈 교회학교용 25쪽에서 시계 모양을 뜯어냅니다.
• 점선대로 접어 시계를 완성한 후 손목에 찹니다.
• 시계 뚜껑의 구름 그림과 시계 안쪽의 예수님과 어린이들 그림을 보면 어떤 생각이 나는지 이야기합니다.
• 하나님 나라로 가신 예수님이 지금도 함께하신다는 것을 어린이들과 함께 이야기합니다.

4 으쓱 나도 할 수 있어요!
언어 자기이해 음악 신체

게임 : 예수님은 여기 계세요

❶ 마음 으쓱 가념 👁
• 예수님은 지금 어디에 계신가요?
• 나는 예수님을 사랑하나요?
• 예수님은 언제나 우리와 함께 계시나요?

❷ 몸 으쓱 개념 🏃 🎵
– 예수님이 함께하심을 어린이들이 자신의 입으로 말하게 하는 놀이를 합니다.

• 예수님이 함께 계심을 찬양하는 곡(예–언제나 매일, Walking with Jesus 등)을 어린이들과 힘차게 찬양합니다.
• 찬양을 틀어 놓고 행진하듯이 둥그렇게 돌다가 음악을 멈추고 어린이들에게 질문하세요.

선생님 : 예수님은 ○○○에 계신가요? (구체적인 장소를 제시하면서 질문합니다.)
어린이 : 네, 예수님은 ○○○에 계세요!

• 질문과 대답을 한 후 다시 음악을 틀고 행진합니다.
• 음악과 질문과 대답을 반복하며 예수님이 언제 어디서나 어린이들과 함께하심을 입으로 고백하게 합니다.

4 약속대로 오신 성령님

성경 본문
사도행전 2:1-41

암송
사도행전 2:32
이 예수를 하나님이 살리신
지라 우리가 다 이 일에 증인
이로다.

오늘의 포인트
성령님은 우리가 온 세상에
예수님이 살아계신 것을 말할
수 있도록 도와주세요.

말씀 길잡이

오순절이라는 단어는 50을 의미합니다. 오순
절은 유월절의 시작으로부터 50일이 지난 후
에 개최되는 유대인의 명절입니다. 오순절은

기도해요

성령께서 도우셔서 여러분이 어린이들과의 언
어 장벽을 넘게 해 주시도록 기도하십시오. 오
순절과 성령님 같은 개념은 어린이들에게 외국
어처럼 느껴질 수 있습니다. 지혜와 인내와 믿
음의 단순함을 주셔서 여러분이 어린이들의 언
어로 이야기할 수 있도록 기도하십시오.

하나님께서 이스라엘 백성에게 시내산에서 율
법 주신 것을 기념하는 명절입니다.
오늘날의 기독교인들은 흘러넘치는 성령에 주
목합니다. 이전에 성령님이 계시지 않았던 것
이 아닙니다. 성령 임재의 질과 범위가 오순
절 때 급격하게 변화한 것입니다. 오순절 이
후에 그 임재는 더 이상 한 민족(이스라엘)에
제한되지 않게 되었습니다. 성령의 은사는 더
이상 몇 명의 선지자, 제사장, 리더들에게만
나누어진 것이 아닙니다.
오순절 때 성령이 흘러 넘쳤습니다. 이 성령
은 오늘날에도 예수님을 따르는 사람들의 삶
에 끊임없이 풍부하게 흘러넘치고 있습니다.
두 가지 감각적인 표적들이 이것을 나타내 주

었습니다. 첫째로, 하나님의 임재를 알리는 급하고 강한 바람같은 소리가 방 안에 가득 찼습니다(요 3:8). 그리고 나서 불의 혀 같이 갈라지는 것이 각 제자들에게 임했습니다. 모세가 불타는 떨기나무를 보았던 것 같은 경우였습니다(출 3:2). 하나님의 특별한 임재가 이 놀라운 표적으로 나타난 것입니다.

불의 혀 같이 갈라지는 것과 다른 방언(언어)을 말하는 능력의 밀접한 연관성도 주목하십시오. 외국어를 배우는 데는 수년이 걸립니다. 그러나 오순절에 오신 성령님은 제자들이 즉시 다른 언어를, 그것도 완전히 능숙하게 하는 것을 가능하게 하셨습니다. 얼마나 놀라운 일입니까!

왜 이러한 기적이 일어났을까요? 베드로는 선지자 요엘이 예언했던 대로, 이제 모든 믿는 사람들이 성령으로 충만하게 되어 하나님의 말씀을 전할 수 있게 될 것이라고 설명했습니다(행 2:17-18). 그리고 복음은 모든 언어로 이 땅의 모든 나라에 전해지게 될 것입니다.

성령님이 오시자 엄청난 능력으로 인해 하루에 3천 명이 세례를 받게 되었고, 부활하고 승천하신 주님에 대한 복음이 담대하게 선포되었습니다(행 2:23-24, 32-36). 하나님의 왕국 시대가 도래하게 된 것입니다. 이 능력의 예수님은 성령을 통해 하나님의 복음이 땅 끝까지 전해지는 것을 막고 있는 모든 장벽들을 넘으실 것입니다.

성령님은 우리를 위해 어떤 일을 하십니까? 성령님은 우리가 예수님을 믿고 예수님의 증인이 되도록 도우십니다. 성령님은 우리를 정결케 하시고, 우리가 매일매일 예수님을 더욱 닮아가도록 우리를 바꾸십니다. 그리고 성령님은 우리가 그리스도의 사랑 안에 함께하도록 우리를 모으시고, 하나님의 가족으로 연합시켜 주십니다.

함께 나눠요

어린이들이 성령님이 누구신지 묻는다면, 성령님도 예수님처럼 하나님이시라고 말씀해 주세요. 성령님은 우리가 예수님과 가까이 있게 하고 다른 사람들에게 예수님에 대해 전하도록 도와주시는, 우리 안에 살고 계시는 우리의 친구입니다.

지금은 어린이들에게 성령님이 우리가 예수님을 사랑하고, 예수님과 가까이 있고, 다른 사람들에게 예수님에 대해 말하도록 도와주신다는 것을 강조하십시오. 어린이들이 이 사실을 제대로 받아들이는 것만으로도 지금은 충분합니다. 어린이들이 더 자라 자신을 넘어선 일들에 대해 생각하게 되면, 우리들을 그리스도의 교회로 연합시키시는 성령님의 사역을 깨닫게 될 것입니다. 그 때가 되면, 어린이들은 성령의 불꽃 가운데 자라며 기적의 바람을 느끼게 될 것입니다.

1 안녕 친구야!

대인관계 언어 음악 공간

안녕, 안녕!

성령님에 대한 찬양("나의 마음에 성령님이 왔어요" 등)을 틀어 놓고 어린이들을 맞이합니다.

선생님은 들어오는 어린이들과 새끼손가락을 걸며 "약속하신 성령님이 오셨어요." 하며 인사합니다.

마음 열기

스티커 붙이기

선물상자 속에 불꽃, 비둘기 등 성령님을 상징하는 스티커를 준비해 놓습니다. 어린이들이 모이면 상자 속에 하나님께서 보내신 선물이 들어 있다고 말해 주고, 함께 선물상자를 열어 봅니다. 상자를 열어 성령을 상징하는 스티커를 어린이들 손이나 가슴에 붙여 줍니다.

2 아하 말씀이 재밌어요!

언어 공간 음악

약속대로 오신 성령님

음향 : 바람 소리
영상 : 예수님이 승천하는 그림, 불꽃 그림

예수님이 승천하는 그림 영상을 보여 주며 이야기를 시작합니다.

다시 사신 예수님은 제자들과 함께 지내셨어요. 40일 동안 함께 드시고, 함께 주무시고, 함께 이야기하며 잊지 못할 소중한 시간을 보내셨어요.

어느 날 제자들과 함께 모여 있을 때 예수님이 말씀하셨어요.

"이제 너희와 헤어질 때가 되었다."

그리고 하나님의 나라에 대해 말씀하셨어요.

"예루살렘을 떠나지 말고 너희가 내게 들은 대로 내 아버지가 약속하신 선물을 기다려라. 요한은 물로 세례를 주었지만 너희는 며칠 안에 성령으로 세례를 받을 것이다.

나는 너희를 위하여 하나님께서 계신 곳으로 간단다. 그곳은 너희를 위한 곳이다."

그러더니 갑자기 온 하늘이 눈부신 빛으로 가득했어요.

그리고 예수님이 밝은 하늘로 점점 더 높이, 높이 올라가셨어요.

(예수님 승천하는 그림 영상이 사라진다.)

예수님의 제자들은 예루살렘으로 가서 모두

한 집에 머물렀어요.

하루, 이틀, 사흘…… 제자들은 예수님이 약속하신 성령님을 기도하며 기다렸어요.

제자들은 궁금했어요.

'언제일까? 예수님이 성령님을 보내 주기로 약속하신 날이 언제일까?'

그렇게 기도하며 예수님이 약속하신 성령님을 기다리던 어느 날,

갑자기 방안에 바람 같은 소리가 들렸어요. 휘익! 하고 움직이는 바람 같은 소리였어요(바람소리 음향).

그리고 불꽃같은 것이 나타났어요(불꽃 그림 영상).

밝게 타고 있는 불꽃같은 것이 제자들의 머리 위로 나타났어요! 얼마나 놀라운가요!

바람소리는 나지만 아무것도 움직이지 않았고, 불꽃같은 것이 나타났지만 아무것도 타지 않았어요(바람소리 음향, 불꽃 그림 영상을 계속 보여 준다).

그리고 그들의 마음속이 이상하게 뜨거워졌어요.

제자들은 바로 그 시간에 자기들의 마음속에 성령님이 계신 것을 느꼈어요!

예수님이 약속하신 사랑의 선물 '성령' 말이에요.

제자들은 환호성을 지르며 다른 나라 말로 말하기 시작했어요.

그리고 웃음소리, 춤추는 발소리, 기쁨의 찬양소리가 방안 가득했어요.

(찬양을 부른다. "성령이 오셨네. 성령이 오셨네. 내 주의 보내신 성령이 오셨네. 이 기쁜 소식을 온 세상 전하세. 성령이 오셨네.")

이제 제자들은 성령을 선물로 받아 예수님의 사랑을 많은 사람들에게 전하기 시작했어요.

성령이 충만해진 베드로는 사람들 앞에 서서 크고 정확하게 말하기 시작했어요.

"우리가 하는 말을 들으세요. 예수님이 약속하신 성령님이 우리에게 오셨어요!"

베드로가 하는 말에 사람들은 귀를 기울이기 시작했어요.

베드로는 더 큰 소리로 말했어요.

"하나님께서 모든 사람들을 사랑하셔서 그의 아들이신 예수님을 보내셨어요.

예수님이 죽으심으로 우리는 자유를 얻게 되었어요.

예수님은 우리를 사랑하세요. 여러분과 나를요!"

많은 사람들이 베드로 앞에 모여들기 시작했어요.

"예수님은 다시 살아나셨어요. 이 일에 우리 모두가 증인이에요."

사람들은 베드로의 이야기를 듣고 울며 자신들의 죄를 고백했어요.

사람들이 회개하는 모습을 보고 베드로는 큰 소리로 말했어요.

"여러분, 여러분의 잘못을 회개하고 예수님의 이름으로 세례를 받으세요. 그러면 여러분도 성령의 선물을 받게 될 거예요."

그러자 베드로의 말을 듣고 3천 명이나 되는 사람들이 예수님을 믿게 되었어요.

그들은 세례를 받고 예수님이 약속하신 성령을 선물로 받았어요.

그들은 성령으로 충만해져서 그 시간부터 예수님을 위해 살았어요.

예수님이 약속하신 성령님은 지금도 우리와 함께하시며 우리를 도와 주고 계셔요.

대인관계　 언어　 공간　신체　탐구

목표

제자들이 성령의 능력을 받아 예수님을 전했음을
압니다.

활동 자료

1. 성경 이야기 그림(예꿈 그림책 B권 4과)
2. 예꿈B 교회학교용(4과)
3. 고무줄, 투명 테이프

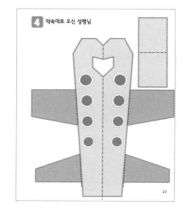

'성령 호' 비행기 만들기

❶ 사랑 쑥쑥

반 친구들과 인사

"약속하신 성령님이 ○○와 함께 계셔요." 하고 말하며 어린이들과 하이파이브로 인사합니다.

❷ 말씀 쑥쑥

암송

사도행전 2장 32절

이 예수를 하나님이 살리신지라 우리가 다 이 일에 증인이로다.

이 예수를
(짝짝 박수 2번)

하나님이
(팔을 하나씩 위로
올리기)

살리신지라
(두 팔로 만세 하듯
이 위로 쭉 펼치기)

우리가 다
(양손을 한 쪽씩 가
슴으로 모으기)

이 일에
(한 쪽씩 차례대로
펼치기)

증인이로다
(손을 모아 입에 대고
외치기)

선생님과 어린이들이 함께 손동작을 하며 말씀을 암송합니다.

❸ 생각 쑥쑥

성경 이야기 회상

– 예꿈 그림책의 성경 이야기 그림을 보며 이야기를 나눕니다.

• 제자들이 예루살렘에서 예수님의 약속하신 것을 기다릴 때 어떤 특별한 것을 보고 들었나
요?

• 예수님이 제자들과 언제나 함께하신다는 것을 보여 주기 위해 보내 주신 선물은 무엇이었나요?
• 예수님의 제자들이 성령을 받았을 때 그들은 무엇을 했나요?

❹ 믿음 쑥쑥 👁 🏃 ⛷

말씀 심화 활동

– '성령 호' 비행기를 만들어 보고 성령님에 대해 생각하며 이야기합니다.

• 예꿈 교회학교용 27쪽의 비행기를 뜯고 접어 완성합니다.
• 종이와 고무줄로 발사대를 만들어 비행기를 날리는 놀이를 합니다.
• 비행기가 힘차고 신나게 나는 것처럼 우리도 성령님이 도와 주심으로 힘차게 예수님을 전할 수 있다고 이야기합니다.

4 으쓱 나도 할 수 있어요!

언어 자기이해 음악 신체

기도 : 성령님, 제 마음에 오세요

목표

우리를 위해 오신 성령님을 믿고 찬양합니다.

---

❶ **마음 으쓱** 가나 ☺
• 우리를 사랑하시는 예수님이 보내 주신 분은 누구인가요?
• 성령님은 우리를 사랑하시나요?
• 내 마음에도 성령님이 계신가요?
• 나도 예수님에 대해 말하고 싶나요?

❷ **몸 으쓱** 가나 ♫ 🏃
– 잔잔한 음악을 틀어 놓고 성령님을 영접하는 기도를 어린이들과 함께합니다.

"성령님,
제 마음에 오세요.

예수님을 사랑하고 예수님을 잘 믿는 어린이가 되게 해 주세요.
예수님을 전하는 어린이가 되게 해 주세요.
예수님 이름으로 기도합니다. 아멘."

기도 후, 어린이들과 함께 '성령 호' 비행기를 날리며 성령님을 기뻐하는 찬양을 합니다.

5 나를 만들어 주신 하나님께 감사해요

성경 본문
창세기 1:1-2:3

암송
이사야 43:21
이 백성은 내가 나를 위하여
지었나니 나를 찬송하게 하
려 함이니라.

오늘의 포인트
하나님께서는 나를 멋지게
만드시고, 하나님 나라의 특
별한 신분을 주셨어요.

오늘의 만남

1. 안녕, 친구야!
어린이와 함께 거울을 보며 우리 몸을 만드신 하
나님께 감사를 드리면서 맞이합니다.
• 무엇일까요? (감각 탐색 놀이)

2. 아하, 말씀이 재밌어요!
세상을 창조하신 하나님께서 나를 만들어 주신
이야기를 듣습니다.
• 성경 이야기 : 나를 만드신 하나님

3. 쑥쑥 말씀대로 자라요!
나를 만드신 분이 하나님이심을 압니다.
• 멋진 내 얼굴 만들기

4. 으쓱, 나도 할 수 있어요!
멋진 세상을 지으신 하나님을 나의 몸으로
찬양합니다.
• 율동 찬양 : 소중한 선물
• 나를 만드신 하나님을 찬양해요

말씀 길잡이

창세기의 이야기는 하나님의 광대한 창조 세
계의 심오한 위엄에서부터 시작됩니다. 우리
는 하늘의 장대함과 기고, 퍼덕거리고, 헤엄

기도해요

각종 대중매체에서 보이는 이미지들 때문에 여
러분 스스로가 자신의 몸을 좋아하고 즐기는
것이 어렵게 느껴지고 있습니까? 창조주 되신
하나님께서 여러분의 영적인 눈을 바로잡아 주
셔서, 여러분이 하나님께서 여러분을 보시는
눈으로 자신을 바라볼 수 있게 되기를 기도하
십시오. 그리고 시편 139편 14절의 말씀대로
주께서 이루어주시길 기도하십시오.

치고, 쿵쿵대며 걷는 땅에 있는 다양한 창조
물들의 탁월함을 보았습니다.

하나님께서는 무에서 모든 것들을 창조하셨습
니다(창 1:1). 처음에는 조형 예술가가 진흙덩
이를 섞어 놓은 것처럼 모든 것이 혼란 가운
데 함께 있었습니다(2절). 그러나 하나님께서
나누고 빚으시면서 모든 것을 그것들이 있어
야 할 곳에 놓으셨습니다. 빛과 어두움을 분
리하시고, 낮과 밤을 분리하시고, 하늘과 땅
을 분리하시고, 땅과 물을 분리하셨습니다.
하나님께서는 해와 달과 별을 만드셨고, 땅과
하늘과 바다를 놀랍도록 수많은 종류의 생명
체로 가득 찬 재미있는 곳으로 만드셨습니다.

"하나님의 보시기에 좋았더라." 이 반복되는 후렴구가 하나님께서 모든 것을 보시고 얼마나 기뻐하셨는지를 강조해 줍니다. 우리의 죄가 완벽한 창조를 망쳤을지라도 이 모든 세상은 여전히 하나님께서 직접 만드신 작품입니다. 이 모든 세상은 우리 아버지 하나님의 세상이고, 하나님께서는 여전히 공명정대하게 온 세상에 빛을 비춰 주십니다.

창조 이야기는 하나님께서는 오직 영적인 것만 중요하게 여기신다고 생각하는 우리의 관점을 무너뜨립니다. 창세기는 하나님께서 이 우주에 지으신 모든 좋은 것들이 하나님께 영광을 돌리는 승리의 찬양으로 가득 차 있습니다. 우주 공간과 미세양자의 신비는 하나님의 측량할 수 없는 능력, 하나님의 창조의 세밀한 손길에 대한 영원한 증거가 됩니다. 무(無)가 물질(物質)이 된 것으로 인해 우리는 하나님을 찬양합니다.

각각의 창조 행위가 뒤로 갈수록 얼마나 더 훌륭해지는지 주목하십시오. 해와 달의 광채조차도 아주 작은 벌레의 복잡함과 비교하면 그 영광이 퇴색합니다. 이 모든 과정의 정점에는 하나님께서 가장 마지막으로, 가장 훌륭하게 만드신 창조물이 있습니다. 하나님의 형상을 따라, 하나님의 모양대로 만들어진 남자와 여자라는 존재입니다(26절). 시편 기자는 말합니다. "그를 하나님보다 조금 못하게 하시고 영화와 존귀로 관을 씌우셨나이다"(시 8:5).

사람들을 하나님의 형상대로 창조하셨다는 것은 무엇을 의미합니까?
• 하나님께서 우리가 모든 다른 창조물들을 다스리도록 하셨다는 것입니다. 고래나 코끼리처럼 우리보다 큰 동물들까지도 말입니다.
• 하나님께서 우리가 창조주이신 하나님을 함께 알고 하나님과 교류하도록 만드셨다는 것

입니다.
• 하나님께서 우리에게 세상을 발전시키고 하나님의 뜻대로 만들어갈 수 있는 권위를 주셨다는 것입니다.
• 하나님께서는 우리가 하나님을, 인간 서로서로를, 세상을 어떻게 대하는지에 대해 책임지도록 하셨다는 것입니다.

이 과에서는 하나님께서 지으신 멋진 세상을 어린이들과 함께 찬양할 것입니다. 우리가 얼마나 놀랍게 만들어졌는지, 우리의 몸 안에 감각을 느끼고, 상상할 수 있고, 자유자재로 움직일 수 있는 얼마나 많은 감각과 부분들이 있는지 어린이들과 함께 이야기하십시오. 어린이들에게 우리 자신이 걷고 말할 수 있는 살아 있는 기적이라고 말해 주십시오. 우리는 하나님께 너무나 소중하기 때문에 하나님께서 하나뿐인 아들 예수님을 보내셔서 우리를 구하셨다고 말해 주십시오. 또한 하나님께서는 우리가 영원한 하나님의 영광과 하나님께서 허락하신 축복의 기쁨을 맛보고 춤추며 찬양하도록 하셨습니다.

1 안녕 친구야!

 언어   자기이해   대인관계   탐구

   안녕, 안녕!

예배실 입구에 어린이들의 몸 전체를 비출 수 있는 거울을 준비합니다. 예배실에 들어오는 어린이들과 반갑게 인사한 후 어린이의 뒤에 서서 함께 거울을 보며 "○○를 이렇게 멋지게 만들어 주신 하나님께 예배드리자!"라며 안아 줍니다.

 마음 열기

무엇일까요? (감각 탐색 놀이)

두 개의 투명한 작은 병에 소금과 설탕을 각각 넣어 준비합니다. 여러 감각 기관(시각, 청각, 후각, 미각)을 이용하여 내용물을 탐색할 수 있게 합니다. 맛보고 냄새 맡을 수 있는 신비한 몸을 만들어 주신 하나님을 생각하며 감사할 수 있도록 어린이들과 이야기 나눕니다.

2 아하 말씀이 재밌어요!

 언어   공간

나를 만드신 하나님

검은색, 흰색, 하늘색, 파란색, 갈색, 녹색 도화지를 준비합니다.
해, 달, 별, 나무, 꽃, 물고기, 새, 동물들, 사람의 그림을 보여 주며 진행합니다.
하트 그림을 따로 준비해 창조물에 대한 하나님의 마음을 나타낼 때 사용합니다.

아주 먼 옛날, 세상에는 아무것도 없었어요.
하나님께서는 아무것도 없는 세상을 안타까워 하셨어요.
(검은색 도화지를 보여 주세요.)
그래서 하나님께서는 세상을 만들기로 하셨어요.

하나님께서 말씀하셨어요. "빛이 생겨라!"
그 말씀이 들리자마자 빛이 짠! 생겼어요!
(흰 종이를 검은 종이의 오른쪽에 붙이세요.)
하나님께서는 빛을 낮이라고 부르시고, 어둠을 밤이라고 부르셨어요.
빛과 어둠을 보시고, 보기에 좋았다고 하셨어요.
(하트 그림을 보여 주세요.)
하나님께서는 행복하셨어요! 그날은 첫째 날이었어요.

하나님께서 말씀하셨어요.
"커다랗고 파란 하늘이 생겨라!"
(하늘색 종이를 붙이세요.)
"하늘 아래에 있는 물은 한 곳으로 모이고, 땅

은 물속에서 그 모습을 드러내라!"
(파란색과 갈색 종이를 붙이세요.)
모든 것이 하나님 말씀대로 되었어요. 그
날은 둘째 날이었어요.

하나님께서 또 말씀하셨어요.
"땅에는 풀과 나무와 모든 종류의 식물이
생겨라!"
(녹색 종이를 붙이세요.)
하나님께서는 작은 꽃들과 나무에 열린 과
일 냄새를 맡으셨어요.
(나무와 꽃 그림을 녹색 종이에 붙이세요.)
하나님께서는 세상이 보기에 좋다고 하셨
어요.
(하트 그림을 보여 주세요.)
하나님께서는 행복하셨어요. 그날이 셋째
날이었어요.

"빛을 내는 해가 생겨라!"
하나님께서는 큰 해를 만드셔서 낮을 비추
게 하셨어요.
(해 그림을 흰 종이에 붙이세요.)
그리고 달과 별들을 만드셔서 밤을 비추게
하셨어요.
(달과 별 그림을 검은 종이에 붙이세요.)
하나님께서는 해를 보시고, 따뜻함을 느끼
셨어요. 달과 별들은 하나님 보시기에 좋
았어요!
(하트 그림을 보여 주세요.)
하나님께서는 행복하셨어요. 그날이 넷째
날이었어요.

하나님께서는 계속해서 말씀하셨어요.
"바다와 호수는 헤엄치는 동물들로 가득
차고 하늘은 날아다니는 동물들로 가득하
여라!"
(새 그림을 하늘색 종이에 붙이세요. 물고
기 그림은 파란색 종이에 붙이세요.)

모든 것들이 하나님이 원하시는 대로 생겼
어요. 보시기에 좋았어요!
(하트 그림을 보여 주세요.)
하나님께서는 행복하셨어요. 그날은 다섯
째 날이었어요.

"땅은 동물들로 가득 차라."
그러자 말씀대로 개와 고양이, 코끼리, 원
숭이, 기린, 얼룩말, 말, 소, 토끼와 쥐들을
비롯한 여러 동물이 생겨났어요.
(동물 그림을 갈색 종이에 붙이세요.)
하나님께서 들으셨을 소리를 상상할 수 있
나요? 얼마나 멋졌을까요? 하나님께서는
행복하셨을까요? (하트 그림을 보여 주세
요.)

세상에 온갖 소리와 냄새와 빛깔이 가득한
데도 하나님께서는 만들기를 멈추지 않으
셨어요.
하나님께서는 아직도 무언가 특별한 것을
만들려는 계획이 있었던 거예요.
무엇일까요? 한번 맞혀 보세요.
"나를 사랑하며 나와 이야기할 수 있고,
이 세상의 모든 놀라움으로 인해 나를 찬양
할 누군가를 만들자."
그리고는 남자와 여자를 만드셨어요.
(아담과 하와와 하트 그림을 보여 주세요.)
"내 아름다운 세상을 다스려라. 식물을 먹
고 다스려라. 행복해라."
하나님께서는 남자와 여자에게 말씀하셨고
하나님께서는 행복하셨어요.
이제 하나님의 세상은 완벽해졌어요.
하나님께서는 나를 이 세상에 이렇게 아름
답게 만들어 주셨어요.

나는 정말 귀한 하나님의 사람이에요.

3 쑥쑥 말씀대로 자라요!

언어 자기이해 공간 신체

목표

나를 만드신 분이 하나님이심을 압니다.

활동 자료

1. 성경 이야기 그림(예꿈 그림책 B권 5과)
2. 예꿈B 교회학교용(5과)
3. 다양한 색의 고무 찰흙
4. 물티슈 또는 물수건

멋진 내 얼굴 만들기

❶ 사랑 쑥쑥 가나 ☺ 🕴
반 친구들과 인사

함께 모여 앉아 박수를 치거나 윙크를 하는 등 자신의 몸을 이용하여 인사를 나눕니다.
"짝짝! ○○야, 안녕?"

❷ 말씀 쑥쑥 가나
암송

이사야 43:21

이 백성은 내가 나를 위하여 지었나니 나를 찬송하게 하려 함이니라.

먼저 선생님이 큰 소리로 암송 구절을 읽어 주어 어린이들이 말씀에 친숙해지도록 합니다.
어려운 낱말의 뜻을 설명해 주고 암송 말씀을 한 소절씩 따라 해 보게 합니다.

❸ 생각 쑥쑥 가나 👁
성경 이야기 회상

– 예꿈 그림책의 성경 이야기 그림을 보며 이야기를 나눕니다.
• 이 모든 세상을 만드신 분은 누구인가요?
• 마지막 날 하나님께서는 무엇을 만드셨나요?
• 하나님께서 세상을 다 만드신 후 기분이 어떠셨을까요?

❹ 믿음 쑥쑥 가나 👁 ☺
말씀 심화 활동

– 하나님의 형상을 따라 하나님의 모양대로 지음 받은 내 얼굴을 만들어 보며, 하나님의 창조의 손길을 느껴 봅니다.
- 교회학교용 9쪽에 있는 얼굴 그림을 보며 무엇이 빠져 있는지 이야기해 봅니다.
- 고무 찰흙으로 빠진 부분을 만들어 붙여 봅니다.
- 눈동자, 눈썹, 코, 입술을 만들 때 '동글동글', '길쭉길쭉' 등 의태어를 사용해서 다양한 표현을 하도록 합니다.
- 우리 몸을 만드신 하나님의 놀라운 솜씨를 감탄하며 이야기를 나눕니다.
- 완성 후 비닐을 덮어 완성된 그림판을 보호합니다.
- 정리할 때 물티슈나 물수건으로 어린이들을 닦아 주며 손을 만들어 주신 하나님께 감사드립니다.

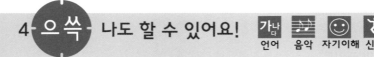

4 으쓱 나도 할 수 있어요!

언어 음악 자기이해 신체

율동 찬양 : 소중한 선물

목표

멋진 세상을 지으신 하나님을 나의 몸으로 찬양합니다.

❶ 마음 으쓱 언어
– 멋진 세상과 나를 만드신 하나님께 감사와 찬양의 기도를 합니다.
예쁜 꽃, 푸른 나뭇잎, 맑은 하늘!
하나님, 감사해요.
나에게 주신 눈, 눈, 눈.
하나님, 찬양해요.
바람 소리, 새들의 노래, 졸졸 시냇물!
하나님, 감사해요.
나에게 주신 귀, 귀, 귀.
하나님, 찬양해요.
달콤한 과일, 시원한 물, 아삭아삭 채소!
하나님, 감사해요.
나에게 주신 입, 입, 입.
하나님, 찬양해요.
사랑하는 가족, 소중한 친구, 다정한 선생님!

하나님, 감사해요.
나에게 주신 손, 손, 손.
하나님, 찬양해요.

❷ 몸 으쓱 음악 자기이해 신체
– 우리를 만들어 주신 하나님의 놀라운 솜씨를 몸으로 찬양합니다.
• '소중한 선물'을 찬양하며 몸을 움직여 찬양합니다.
반짝반짝 눈, 동글동글 코,
오물오물 입, 쫑긋쫑긋 귀
너는 세상의 하나뿐인
하나님 만드신 소중한 선물

6 친구를 만들어 주신 하나님께 감사해요

성경 본문
창세기 2:4-24

암송
이사야 43:21
이 백성은 내가 나를 위하여
지었나니 나를 찬송하게 하
려 함이니라.

오늘의 포인트
하나님께서는 우리가 서로를
돌보도록 창조하셨어요.

오늘의 만남

1. 안녕, 친구야!
   선생님 두 명이 어린이를 함께 안으며 환영합니다.
   • 짝 찾기 소꿉놀이

2. 아하, 말씀이 재밌어요!
   하나님께서 아담에게 친구를 만들어 주신 이야기
   를 듣습니다.
   • 성경 이야기 : 아담과 하와 이야기

3. 쑥쑥 말씀대로 자라요!
   친구는 서로 돌보도록 하나님께서 주신 소중한
   선물임을 압니다.
   • 만들기 : 친구랑 하나, 둘, 셋!

4. 으쓱, 나도 할 수 있어요!
   하나님께서 우리에게 친구를 주신 것을 감사하며
   사랑을 표현합니다.
   • 동작으로 표현하기 : 둘이 살짝 손잡고

말씀 길잡이

창세기 2장은 하나님의 최고 업적인 '창조'를 좀 더 가까이서 들여다보게 합니다. 하나님께서는 첫 사람을 사랑을 담아 훌륭하게 만드시고, 생기를 불어넣으셨습니다(7절). 그리고 아담의 갈비뼈로부터 여자를 만드셨습니다.

기도해요

어린이들과 함께 지내면서 어린이들 사이의 긴장을 느끼게 된다면, 예수님의 사랑으로 인해 어린이들이 서로에게 하나님의 좋은 선물이 될 수 있도록 기도하십시오.

하나님께서 하와를 만드신 데에는 아담에게 동료를 만들어 주신 것 이상의 의미가 있다는 사실에 주목하시기 바랍니다. 이것은 하나님께서 하나님의 형상을 가진 존재가 함께 교류를 나눌 수 있도록 새로운 역동적인 관계를 만들어 주셨다는 것을 의미합니다. 이제부터 사람들에게는 공동체로서 함께 살아가는 기쁨과 책임과 도전이 주어졌습니다. 이제부터 어떤 사람도 '고립된 섬'이 아닌 것입니다.

우리는 하나님께서 하와를 창조하신 이유를 주목할 필요가 있습니다. 하나님께서 모든 피조물들을 창조하시는 동안 하나님께서는 모든 피조물들을 축복하셨고 보시기에 좋았다고 말씀하셨습니다. 그러나 하나님께서 아담을 에덴동산에 두신 후에, 우리는 처음으로 '좋지 않다'는 표현이 등장하는 것을 보게 됩니다. "여호와 하나님이 이르시되 사람이 혼자 사는 것이 좋지 아니하니 내가 그를 위하여 돕는 배필을 지으리라 하시니라"(2:18). 우리가 '외로운 방랑자'가 되는 것은 결코 하나님의 뜻이 아닙니다. 우리는 서로에게 하나님의 사랑과 긍휼을 전하도록 지음 받았습니다.

하나님께서는 여자를 남자의 노예가 아니라 남자와 동등한 존재로 창조하셨습니다. 히브리어로 '돕는 자'라는 말은 종속의 관계를 의미하지 않습니다. 성경은 같은 용어를 하나님께 사용하여 "이스라엘을 돕는 자"라고 표현하기도 했습니다. 이 말은 번역하면, '동역자' 혹은 '파트너'라는 뜻입니다.

하나님께서 여자를 남자의 갈비뼈로 만드셨다는 사실이 남녀 간의 동등함을 나타낸다는 것을 강조하는 오래된 이야기가 있습니다. 하나님께서는 여자를 아담의 발로 만드셔서 남자가 여자 위에 군림하도록 하지 않으셨습니다. 또한 하나님께서는 여자를 남자의 머리로 만드셔서 여자가 남자를 지배하도록 하지 않으셨습니다. 하나님께서는 여자를 남자의 갈비뼈로 만드셔서 남자가 항상 여자를 자신의 심장 곁에 가까이 두도록 만드셨습니다.

남자와 여자는 모두 하나님의 형상을 따라 창조되었습니다(1:27). 그들은 함께 하나님의 선한 창조물들을 다스리고 돌보았습니다. 그리고 함께 하나님의 축복을 받고, "생육하고

번성하라"는 명령을 받았습니다(1:28). 또한 함께 좋지 않은 상황, 즉 아담이 혼자였다는 사실을 극복했습니다. 우리의 결혼생활과 가족과 우정과 공동체 안에서, 우리는 서로에게 하나님께서 보내신 귀한 선물입니다.

우리가 아담과 하와의 추락을 잠시 엿본다면, 우리는 우리의 죄인 된 이기심이 하나님께서 주신 선하고 완벽한 선물을 얼마나 망쳐 놓았는지 깨닫게 될 것입니다. 서로에게 하나님의 축복이 되는 대신에 우리는 서로에게 쌀쌀맞고, 이기적이며, 악을 행하는 존재가 되었습니다. 그것이 하나님께서 독생자를 이 세상에 보내신 이유입니다. 하나님과 우리의 관계, 그리고 우리 서로간의 관계를 회복시키기 위해서 말입니다.

우리가 하나님께 고백하는 동안, 하나님께서는 지금은 죄로 인해 흩어져 버린 공동체를 다시 회복시키셔서 예수님의 자기희생적인 사랑으로 묶인 새로운 사람들로 바꾸어 주십니다. 그래서 하나님의 회복과 재창조를 거쳐 우리는 선한 존재로 새롭게 거듭납니다.

1 안녕 친구야! 가나다 언어 / 신체 / 수학

가나다 신체 안녕, 안녕!

예배실 입구에 선생님 두 명이 마주보고 섭니다. 양팔을 뻗어 마주 잡고 그 사이로 어린이가 들어오게 한 후 꼭 안아 주면서 "○○야, 잘 왔어."라고 인사하며 맞이합니다.

가나다 수학 마음 열기
짝 찾기 놀이

서로 짝이 되는 물건(예-장갑, 양말, 젓가락, 신발 등)을 준비합니다. 함께 짝을 맞추며 서로 친구가 되는 물건에 대해 이야기를 나눕니다.

2 아하 말씀이 재밌어요!
언어 / 공간 / 음악

아담과 하와 이야기

지난주에 사용한 자료를 전시해 놓고 이야기를 시작합니다.

준 비 물 : 찰흙, 과일 나무, 동물 의상이나 머리띠, 음향(물소리, 사자소리, 새소리)

등장인물 : 아담, 하와, 동물들(모든 동물은 짝을 지어 등장합니다.)

넓고 넓은 땅, 푸르고 푸른 바다와 높고 높은 하늘은 하나님께서 만드신 멋진 세상이지요.
그런데 무언가가 빠져 있는 것처럼 쓸쓸했어요.
하나님께서는 흙을 가지고 요렇게 조렇게 빚으셨어요.
(찰흙으로 사람 모양을 만드세요.)

그리고는 뚝딱! 사람을 만드셨어요.
하나님께서 만드신 사람은 정말 멋지고 특별했어요.
다른 창조물들과 전혀 달랐지요.
생각하고, 말하고, 사랑을 나눌 수 있었어요.
하나님께서 이렇게 멋지게 만든 사람의 이름은 '아담'이에요.

(아담 등장)
하나님께서는 아담을 만드시고 아름답고 풍요로운 에덴동산에서 살게 해 주셨어요.
그리고 아담에게 에덴동산을 돌보도록 하셨어요.
"음, 에덴동산은 정말 멋진 곳이야."
(아담은 주변을 거닐다 과일을 먹는다.)
아담은 에덴동산에 있는 다양하고 맛있는 과일

을 먹고, 동물들과 신나게 놀기도 했어요.
어느 날, 하나님께서는 아담에게 할 일을
주셨어요.
하나님께서 아담에게 맡겨 주신 일은 에덴
동산에 있는 모든 동물들의 이름을 짓는 것
이었어요.
그 일은 정말 재미있었어요.

아담은 물에서 나는 첨벙거리는 큰 소리를
들었어요(첨벙 소리).
그리고 커다란 꼬리를 보았어요.
"음, 나는 이 동물을 고래라고 부를 거야.
(고래 의상 또는 머리띠를 하고 헤엄치듯
지나가세요.)
이제부터 네 이름은 고래야."
"와! 이 갈기가 멋진 동물을 봐!(사자 소리)
나는 이 동물을 사자라고 부를 거야!"
(사자 의상 또는 머리띠를 하고 지나가세
요.)
"높은 나무 위로 멋지게 날아다니는 걸 좀
봐!(새 소리)
날개가 정말 화려하고 예쁜 걸!"
(새 의상 또는 머리띠를 하고 날아다니는
흉내를 내세요.)
"네 이름은 앵무새야!"
"하하하하! 너는 엉금엉금, 정말 느리구
나."
(거북이 의상 또는 머리띠를 하고 천천히
기어가세요.)
"다리는 짧고, 그렇게 기어서 언제 집에 갈
래? 이제부터 네 이름은 거북이야."
아담은 하나님께서 만드신 동물의 이름을
모두 지어 주었어요.

밤이 되자 모든 동물들은 짝을 지어 각자
집으로 돌아갔어요.
넓고 넓은 에덴동산이 조용해졌어요.
아담은 함께 이야기할 사람이 한 명도 없었

어요.
아담은 혼자였어요.
하나님께서는 아담이 외로운 걸 보셨어요.
"아담이 외롭겠구나. 아담과 함께할 사람
이 필요해. 함께 행복한 가정을 만들 사람
말이야."
그래서 하나님께서는 아담을 잠들게 하셨
어요.
"아~ 졸려. 내 짝은 어디에도 없네. 잠이
나 자야겠다."

하나님께서는 잠자고 있던 아담의 갈비뼈
를 꺼내서 아담의 친구를 훌륭하게 만들어
주셨어요.
이제 아담은 혼자가 아니에요!
(하와 등장)
아담이 잠에서 깨어나 하와를 보았어요.
아담의 두 눈은 휘둥그레졌어요.
아담은 눈을 비비고 하와를 바라보고는 감
탄했어요.
"당신은 나와 같은 사람이네요! 머리카락
도 길고, 손도 부드러운 그대는 정말 아름
다워요."
하나님께서 만들어 주신 하와의 목소리는
가냘프고 고왔어요.
아담이 말했어요.
"그대는 내 살 중의 살이요, 내 뼈 중에 뼈
요. 나는 남자, 그대는 여자예요."

아담과 하와는 함께 가정을 만들었어요.
그리고 행복했어요.
아담은 하와를 만들어 주신 하나님께 날마
다 감사했어요.

3 쑥쑥 말씀대로 자라요!

언어 대인관계 음악 신체

목표

친구는 서로 돌보도록 하나님께서 주신 소중한 선물임을 압니다.

활동 자료

1. 성경 이야기 그림(예꿈 그림책 B권 6과)
2. 예꿈 B 교회학교용(6과)
3. 빨대 또는 나무젓가락
4. 투명 테이프

만들기 : 친구랑 하나, 둘, 셋!

❶ 사랑 쑥쑥 가나 📇
반 친구들과 인사

둥글게 모여 앉아 옆에 있는 친구와 둘씩 짝을 지어 두 손을 잡고 흔들며 "○○야, 안녕!" 하고 인사합니다. 방향을 바꿔 다른 친구와도 인사합니다. 다함께 하나의 원이 되도록 손을 잡고 "우리 모두 안녕!" 하며 인사 나눕니다.

❷ 말씀 쑥쑥 가나 🎵 🏃
암송

이사야 43:21
이 백성은 내가 나를 위하여 지었나니 나를 찬송하게 하려 함이니라.

선생님을 따라 한 소절씩 리듬을 살려 손뼉을 치며 박자에 맞춰 암송 말씀을 외워 봅니다.

❸ 생각 쑥쑥 가나
성경 이야기 회상

– 예꿈 그림책의 성경 이야기 그림을 보며 이야기를 나눕니다.
• 동물의 이름을 지어 준 사람은 누구일까요?
• 아담의 여자 친구는 누구일까요?
• 하나님께서는 왜 하와를 만들어 주셨을까요?

❹ 믿음 쑥쑥 👁

말씀 심화 활동

–"친구랑 하나, 둘, 셋!" 인형을 움직이면서 친구와 함께 노는 즐거움을 느껴 봅니다.

• 교회학교용 11쪽에서 종이 인형 두 개를 오려 냅니다.
• 긴 빨대나 나무젓가락 두 개에 종이 인형을 나란히 세워 붙입니다.
• 빨대를 앞뒤로 움직이며 두 개의 종이 인형이 어떻게 움직이는지 살펴봅니다.
• 만들어진 인형처럼 함께 놀 수 있는 친구는 하나님의 소중한 선물임을 이야기합니다.

4 으쓱 나도 할 수 있어요!

동작으로 표현하기 : 둘이 살짝 손잡고

목표

하나님께서 우리에게 친구를 주신 것을 감사
하며 사랑을 표현합니다.

❶ 마음 으쓱 가념
– 친구의 소중함을 깨닫고 친구를 주신 하
나님께 감사합니다.
• 친구 없이 혼자 놀 때는 기분이 어떤가요?
• 친구와 함께 놀 때는 기분이 어떤가요?
• 소중한 친구를 주신 분은 누구일까요?

짝끼리 두 손을 잡고 위로 올려 만세를 하듯
이 외칩니다.

❷ 몸 으쓱 🚶🎵
– 소중한 선물인 친구에게 사랑의 마음을
몸으로 표현합니다.
• 서로 짝을 지어 "둘이 살짝 손잡고" 노래
에 맞춰 몸으로 움직입니다.
• "친구를 주신 하나님, 찬양합니다." 하며

7 가족을 주신 하나님께 감사해요

성경 본문
누가복음 7:11-16

암송
이사야 43:21
이 백성은 내가 나를 위하여 지었나니 나를 찬송하게 하려 함이니라.

오늘의 포인트
가족들은 우리에게 하나님의 사랑을 보여 주고, 우리를 돌보아주어요.

오늘의 만남

1. 안녕, 친구야!
선생님들이 엄마, 아빠처럼 꾸미고 어린이들을 맞이합니다.
• 가족놀이

2. 아하, 말씀이 재밌어요!
가족을 소중히 여기고 사랑하신 예수님 이야기를 듣습니다.
• 성경 이야기: 가족을 사랑하시는 예수님

3. 쑥쑥 말씀대로 자라요!
하나님께서 우리에게 가족을 선물로 주셨음을 압니다.
• '둥글둥글 우리 가족 인형' 만들기

4. 으쓱, 나도 할 수 있어요!
서로 가족이 되어 돌보며 사랑을 표현합니다.
• 사랑의 말 연습하기 : "사랑해요, 나의 가족"

말씀 길잡이

이 과에서 우리는 우리에게 가족(대가족이든, 핵가족이든, 한부모 가정이든, 혼합가정이든

기도해요

하나님께서 여러분의 가정을 바르게 세우신 것들로 인해 감사하십시오. 그리고 현재 문제를 겪고 있는 부분에 대해 기도하십시오. 여러분의 마음을 예수님께 내려놓으면 예수님은 가족을 막고 있는 장애 여부에 상관없이 그 관계를 다시 회복시키실 것입니다.

지)을 주신 것에 감사할 것입니다. 우리는 우리의 동생들과 입양된 형제들 그리고 친척들을 주신 것에도 감사할 것입니다. 왜냐하면 가족은 하나님께서 우리에게 주신 귀한 선물이기 때문입니다. 어린이들은 항상 가족에 대해 생각합니다. 우리는 어린이들이 가족을 주신 하나님께 감사드릴 수 있도록 조금만 옆에서 격려해 주면 됩니다. 그러나 역기능 가정이나 해체된 가정의 어린이들은 하나님께서 주신 이 축복의 선물을 상실하고, 그로 인해 고통을 느낍니다. 가정은 하나님의 축복을 받기도 했지만 동시에 죄의 영향으로 망가졌습니다. 그러나 예수 그리스도 안에 있는 우리

는 하나님의 신실하심과 공급과 변함없는 사랑을 전달하는 통로가 될 수 있습니다.

어린이들에게 있어서 가족은 그들을 지지해 주는 유일한 집단입니다. 나인 성에 살고 있던 과부에게도 그것은 마찬가지였습니다. 예수님이 그녀의 삶으로 들어오셨을 때, 그녀는 사랑하는 가족의 죽음을 대면하고 있었습니다.

예수님과 제자들이 성문 가까이에 왔을 때, 그들은 너무나도 슬픈 장례식을 보게 되었습니다. 한 여인이 자신의 하나밖에 없는 아들을 묻으려 하고 있었습니다. 그것은 정상적인 풍경이 아니었습니다. 보통은 자녀들이 자신의 부모를 장사지내기 때문입니다. 그 여인은 이미 남편을 잃었기 때문에 이제 이 모든 슬픔을 홀로 져야만 했습니다. 게다가 그녀에게는 아무런 가족도 남아 있지 않았습니다. 사회에서 경제활동을 할 가족이 하나도 없었기 때문에, 이 과부는 남은 평생 동안 구걸을 하거나 굶주려 죽어 가게 될 것이었습니다. 이 과부의 상실감은 너무나 컸습니다.

예수님이 그녀를 보았을 때, 예수님은 그녀를 '불쌍히' 여기셨습니다(눅 7:13). 그 여인의 딱한 상황이 예수님의 마음 중심을 흔들었습니다. 헬라어를 글자 그대로 풀이하자면 그 말은 "예수님의 마음이 완전히 움직이셨다"라는 뜻입니다.

예수님은 죽음의 문제를 정면으로 바라보셨습니다. 그리고 여인에게 "울지 말라"고 말씀하셨습니다(13절). 예수님은 다가가서 죽은 남자가 누워 있는 관에 손을 대셨습니다. 그것은 당시의 경건한 유대인이라면 절대 해서는 안 되는 행동이었습니다. 구약의 율법에서는 시체를 '부정하다'고 여겼기 때문입니다. 시체와 접촉한 사람은 종교적으로 부정하기 때문에 긴 시간 동안 깨끗함의 과정을 거쳐야 했습니다. 그러나 예수님은 그러한 시대는 이미

지나갔다는 것을 직접 보여 주셨습니다. 예수님은 죽음을 극복하셨기 때문에 그러한 행동들이 예수님을 부정하게 만들 수는 없었습니다. 죽음은 예수님에게 아무런 권세도 없습니다. 예수님이 우리를 위해 기꺼이 그 권리를 양도하셨을 때만 제외하면 말입니다. 예수님은 삶으로 죽음을 제압하실 것입니다. 예수님은 두려워할 것이 아무것도 없었습니다. 예수님은 사랑으로 말씀하셨습니다.

"청년아, 내가 네게 말하노니 일어나라!"(14절)

그 과부의 아들은 일어나서 말하기 시작했습니다. 어린이들과 함께 이 사람이 과연 무슨 말을 했을지 상상해 보십시오. 우리가 아는 것이라고는 예수님이 그를 그의 어머니에게로 데려가셨고, 사람들이 "두려워하며 하나님께 영광을 돌렸다"는 것입니다(16절). 예수님은 이 가족을 회복시키고, 어머니와 아들에게 서로를 찾아 주셨습니다. 예수님은 늘 가족 간의 관계를 회복시키고, 가족들을 연합시키십니다. 언젠가 때가 되면 예수님은 하나님의 모든 가족들도 한자리에 불러 모으실 것입니다.

1 안녕 친구야!
언어 대인관계

안녕, 안녕!
선생님들이 엄마, 아빠처럼 꾸미고 어린이들을 맞이합니다.
선생님은 들어오는 어린이들에게 "사랑하는 (아들, 딸) ○○야, 어서 와." 하며 인사합니다.

마음 열기
가족놀이
선생님은 소꿉놀이용 주방 용품이나 공구놀이 세트 등을 준비해 둡니다.
어린이들이 자유롭게 가족의 역할을 표현하며 놀이하도록 합니다.

2 아하 말씀이 재밌어요!
언어 음악

가족을 사랑하시는 예수님

드라마 형식으로 진행됩니다.
등장인물 : 예수님, 나인 성 과부, 과부의 아들, 장례 운구인 두 명, 해설자

무대 조명이 켜지면서 극은 시작됩니다.
준비 : 음향−장례 행렬의 울음소리, 극적인 음향이나 음악, 즐겁고 신나는 잔치 음악

(조명 in)
해설자 : 우리 마을에 슬픈 일이 생겼어요. 우리 마을에서 가장 성실하고 착한 한 청년이 하늘나라로 가고 말았어요.

그 청년은 늘 부지런하고 인사성도 밝아서 마을 어른들이 모두 좋아했어요. 그 청년의 아버지는 일찍 돌아가셔서 어머니가 고생을 하면서 청년을 키웠어요. 아들이 다 커서는 어머니를 정성껏 보살펴드렸어요. 그런데 어느 날, 그 청년이 아픈 곳도 없이 죽고 말았어요. 어머니는 너무나 슬펐어요. 그래서 어머니를 위로하고 돕기 위해서 마을 사람들이 모였어요. (조명 out)

(조명 in. 장례 행렬의 울음소리가 점점 크게 들리고 장례 행렬이 등장한다. 들것에 천으로 싸인 청년을 운

구인 두 명이 들고 나오고, 마을 사람들이 울면서 뒤따른다. 나인 성 과부인 어머니는 들것 뒤를 따라가다 힘없이 그 자리에 주저앉는다.)

나인성과부: 아들아, 너랑 내가 얼마나 열심히 살았는데 이 엄마만 두고 너 혼자 떠나다니. 네가 다시 살아날 수만 있다면…….
하나님, 제 아들을 살려주세요.
(울부짖으며) 아들아, 내 아들아!

해설자: 아, 어떻게 하지? 아주머니가 쓰러지시겠어요. 안 돼요! 정신을 차리세요.
(나인 성 과부를 부축하러 뛰어가려 할 때 예수님이 등장한다.)

예수님: (나인 성 과부를 부축하여 일으키면서) 울지 마시오.
(누워 있는 청년에게 다가가서 손을 대며) 청년아, 일어나라!
(청년이 천을 걷고 일어나서 앉는다.)

청 년: (두리번거리며 누군가를 열심히 찾는다.) 어머니……. 우리 어머니 어디 계시죠?
(예수님이 청년의 손을 잡아 일으킨 후에 어머니에게 인도한다. 어머니와 청년은 서로 부둥켜안고 기뻐하며 운다.)

나인성과부: 아들아, 내 아들이 살아났구나! 하나님께서 내 기도를 들으셨어요!

(아들을 보고 좋아서 뛰면서)
하나님, 감사합니다! 하나님께서 내 아들을 살리고 나도 살리셨어요!

해설자: 예수님이 이 청년을 살리셨으니 우리 모두 나와서 예수님께 감사의 찬양을 드려요.
그리고 이 청년이 살아났으니 우리 모두 마을 잔치를 하기로 해요!
우리 모두 이 가족의 기쁨을 함께 나눠요.
(어린이들을 무대 위로 초청하여 함께 찬양하고 기뻐하며 춤을 춘다.)

3 쑥쑥 말씀대로 자라요!

언어　대인관계　공간　신체

목표

하나님께서 우리에게 가족을 선물로 주셨음을 압니다.

활동 자료

1. 성경 이야기 그림(예꿈 그림책 B권 7과)
2. 예꿈B 교회학교용(7과)
3. 가위, 투명 테이프, 종이컵, 빨대

'둥글둥글 우리 가족 인형' 만들기

❶ 사랑 쑥쑥
반 친구들과 인사

"짝짝 짝짝짝(박수)! 우리는 한 가족!" 하고 말하면서 어린이들이 서로를 보고 인사합니다.
어린이들의 이름을 부르면 어린이들이 가족의 목소리(엄마처럼, 아빠처럼)로 대답하게 합니다.
집 모양 스티커를 나눠 주고 출석표에 붙이도록 합니다.

❷ 말씀 쑥쑥
암송

이사야 43:21

이 백성은 내가 나를 위하여 지었나니 나를 찬송하게 하려 함이니라.

| 이 백성은
(한 손씩 펼치기) | 내가 나를 위하여
(두 손을 가슴에 모은 후
두드리기) | 지었나니
(양손 주물럭) | 나를 찬송하게
(뽀뽀하며 한 손씩
펼치기) | 하려 함이니라
(짝짝짝짝 박수 4번) |

❸ 생각 쑥쑥
성경 이야기 회상

– 예꿈 그림책의 성경 이야기 그림을 보며 이야기를 나눕니다.
• 성경 이야기에 나오는 어머니의 가족은 누구인가요?
• 성경 이야기에 나오는 가족에게 어떤 슬픈 일이 있었나요?
• 이 가족의 어려움을 누가 도와주셨나요?

• 가족을 사랑하고 돌보는 분은 누구인가요?

④ 믿음 쑥쑥 👁 🏃
말씀 심화 활동
– '가족 인형'을 만들어 놀이하며 가족을 사랑으로 돌보는 표현을 해 봅니다.
• 교회학교용 13쪽에서 가족 인형을 오립니다.
• 빨대에 가족 그림을 붙이고 종이컵에 꽂아 완성합니다.
• 완성된 가족 인형으로 가족의 사랑을 표현하며 놀이합니다.

4 으쓱 나도 할 수 있어요!

언어   자기이해   신체

사랑의 말 연습하기 : "사랑해요, 나의 가족"

목표

서로 가족이 되어 돌보며 사랑을 표현합니다.

① 마음 으쓱 가념 ☺
• 하나님께서 서로 돌보라고 주신 특별한 선물은 무엇인가요?
• 가족을 주신 하나님께 우리는 어떻게 해야 할까요?
• 가족에게 내가 할 수 있는 일은 무엇이 있나요?
• 내가 가족에게 하고 싶은 말은 무엇인지 외쳐 보세요.

• "사랑해요" – 뽀뽀하기
• "감사해요" – 안아 주기
• "수고하세요" – 안마해 주기
• "미안해요" – 악수하기
• "멋져요" – 엄지 손가락 세우기

② 몸 으쓱 가념 🏃
– 사랑의 표현을 어린이들과 함께 동작과 말로 표현합니다.

8 교회를 주신 하나님께 감사해요

성경 본문
사도행전 4:32-35, 9:32-43

암송
이사야 43:21
이 백성은 내가 나를 위하여 지었나니 나를 찬송하게 하려 함이니라.

오늘의 포인트
교회는 우리에게 주신 하나님의 큰 가족이에요.

오늘의 만남

1. 안녕, 친구야!
교회 모양판에 있는 이름표를 어린이들에게 걸어 주며 반갑게 맞이합니다.
• 교회 세우기

2. 아하, 말씀이 재밌어요!
교회를 이루는 여러 가족들의 이야기를 듣습니다.
• 성경 이야기 : 교회는 하나님께서 주신 큰 가족

3. 쑥쑥 말씀대로 자라요!
하나님을 사랑하는 우리가 모여 교회가 됨을 압니다.
• '우리 교회' 만들기

4. 으쓱, 나도 할 수 있어요!
사람들이 모여 교회가 되는 것을 몸으로 표현해 봅니다.
• 대그룹 활동 : "우리가 모여 교회가 되었네"

말씀 길잡이

성경은 교회에 대해 고통스러울 정도로 정직합니다. 성경에는 교회 안의 분쟁과 분열과

기도해요

어린이들이 오늘의 수업을 통해 교회에 대한 선생님의 사랑을 온전히 느낄 수 있도록 하나님께 기도로 간구하세요.

교회의 실패들이 모두 기록되어 있습니다. 그러나 사도행전은 긍정적이고 고무적인 이야기들을 먼저 보여 주면서, 우리가 그리스도인으로서 하나님의 가족으로 함께 살아간다는 것이 얼마나 좋은 것인지를 배울 수 있도록 해 줍니다. 성령은 새로 믿는 사람들에게 성령을 부어 주셨고, 성령으로 충만한 사람들은 예수님의 사랑을 받은 대로 다른 사람들을 섬기고 서로를 돌보았습니다.

성령의 감동을 받은 설교는 공동체 안에 불을 붙였고, "사도들은 큰 권능으로 주 예수의 부활을 증언"하였으며, 사람들은 모두 큰 은혜

를 받았습니다(행 4:33). 사도들은 또한 새로운 신자들이 굳건히 설 수 있도록 서로 위로하고 격려했습니다.

그러나 베드로와 바울이 보여 주었던 것은 단지 이러한 복음과 능력만이 아니었습니다. 모든 신자들은 하나님의 은혜를 서로에게 보여 주고, 서로의 필요를 채워 주었습니다. 성경은 예루살렘에 있던 교회들의 자기희생적인 관대함에 대해 말하고 있습니다. 신자들은 자신의 재산을 기꺼이 내어 주고, 다른 사람을 위해 자신의 소유를 팔기도 했습니다.

같은 종류의 관대함은 "선행과 구제하는 일을 많이 했던"(9:36) 도르가에게서도 보입니다. 도르가는 자신의 재능을 이용해서 옷을 살 수 없는 사람들에게 옷을 만들어 주었습니다. 그녀는 이 중요한 사역으로 인해 사람들에게 칭찬받고 사랑을 받았습니다(39절). 그런 그녀가 병으로 죽게 된 것은 큰 충격이었습니다. 신자들은 중심에서부터 예수님을 섬겼던 이 여인의 죽음으로 인해 깊은 슬픔에 잠겼습니다.

교회에서는 이러한 일들이 일어나게 마련입니다. 그러나 하나님께서 도르가의 사역을 깊이 인정하셨다는 것을 보여 주기 위해서, 베드로는 죽은 도르가를 살려 일으킵니다. 그는 무릎을 꿇고, 하나님께 도르가를 살려달라고 기도합니다. 그리고 손을 내밀어서 도르가를 일으켜 세웠습니다(40-41절). 어떠한 요술도 없었고, TV에 나오는 것 같은 쇼도 없었습니다. 생명을 주시는 성령의 능력이 교회 안에서 치유의 능력으로 나타났을 뿐입니다.

이 일의 결과를 주목해 보십시오. 온 욥바 사람이 알고 많은 사람이 주님을 믿게 되었습니다(42절). 이 사건으로 인해서 상을 받고 주목받은 것은 베드로가 아니었습니다. 교회는 자기 안에 생명을 불러오신 분이 예수님이라는 것을 잘 이해하고 있었습니다.

오늘날에도 그리스도의 교회에서는 계속해서

많은 기적들이 일어나고 있습니다.

• 주일날 교회에서 들은 설교나 주일학교에서 배운 성경 이야기가 내 상황에 그대로 적중했을 때

• 성도들이 하나님께서 주신 재능으로 다른 사람들을 섬길 때

• '가진 자'들이 관대함으로 다른 이들에게 베풀 때

• '없는 자'들이 가진 자들의 도움을 은혜로 받아들이고, 그를 위해 축복할 때

• 하나님께 은사를 받은 사람들이 성령의 치유 능력으로 아픈 자와 절망한 자, 마음 상한 자와 고립된 자를 치유할 때

• 어린이가 예수님의 뜻을 생각하고 자신이 가진 과자를 다른 어린이들과 나눌 때

우리는 하나님의 가족의 일원으로 살면서 매일 여러 가지 문제들에 직면하게 됩니다. 그러나 우리는 사도행전이 출발했던 바로 그 지점에서 출발해야 합니다. 그래서 하나님 아버지와 예수님, 성령님이 지금도 우리 안에 살아 계시다는 것을 확신시켜 주는 놀라운 사건들을 경험하고, 그것을 보면서 기뻐해야 합니다. 우리의 교회를 놀랍게 변화시켜 가는 것은 교회의 건물이 아니라 교회 안의 사람들입니다.

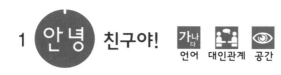

1 안녕 친구야!

언어 대인관계 공간

👁️🧑‍🤝‍🧑🔤 안녕, 안녕!

우드락이나 종이로 교회 모양판을 만들어 이름표를 붙여 놓은 후, 예배실 입구에 둡니다. 들어오는 어린이들에게 이름표를 걸어 주며 "○○야, 교회에 왔구나." 하며 어린이들을 반갑게 맞이합니다.

🧑‍🤝‍🧑👁️ 마음 열기

교회 세우기

1/4 크기의 도화지를 어린이들에게 나눠 주고 교회에 온 나의 모습을 그리게 합니다.

어린이들이 그린 그림을 벽돌처럼 모아 교회를 지어 봅니다. 선생님은 십자가와 지붕을 꾸미고 교회를 완성합니다.

2 아하 말씀이 재밌어요!

언어 공간

교회는 하나님께서 주신 큰 가족

준비물 : 빵, 옷, 신발, 돈

예수님은 하나님 나라로 올라가신 후 약속대로 성령님을 보내 주셨어요.

성령님은 사람들의 마음과 얼굴을 행복하게 바꿔 주셨어요.

성령을 선물로 받은 베드로와 교회 사람들은 함께 있는 것을 좋아했어요.

그들은 함께 찬양하고, 기도하고, 하나님께 예배했어요. 또 서로를 돌보아주었어요.

때때로 자신의 돈을 가난한 친구들과 나누어 쓰기도 했어요.

(돈을 보여 주세요.)

함께 밥을 먹고, 음식을 나누어 먹었어요.

(준비한 빵을 몇 명의 어린이에게 주고, 어린이들이 친구들과 함께 나누게 하세요.)

성령을 선물로 받은 베드로와 교회 사람들은 다른 어떤 일보다도 사람들에게 예수님에 대해 이야기하는 것을 제일 중요하게 생각했어요. 특히 베드로는 예수님을 전하는 것을 정말 좋아했어요. 가는 곳마다 만나는 사람들에게 자신이 예수님을 만났고, 예수님이 사람들을 얼마나 사랑하시는지를 이야기했어요.

어느 날, 베드로는 애니아의 집을 찾아갔어요. 애니아는 중풍 병에 걸려 8년 동안 누워만 있었어요.
베드로는 아파 누워 있는 애니아를 보니 마음이 슬펐어요.
베드로는 애니아에게 다가갔어요. 그리고 이렇게 말했어요.
"애니아, 예수님이 당신을 고칠 것이오. 일어나 자리를 정돈하시오."
그러자 누워 있던 애니아가 벌떡 일어났어요.
아파 누워 있던 애니아가 걸어 다니는 것을 보고 이웃에 사는 많은 사람들이 예수님을 믿게 되었어요. 교회에 가족이 늘어났어요.

베드로가 열심히 예수님을 전하고 있을 때 두 사람이 베드로를 만나려고 찾아왔어요.
그들의 얼굴은 너무 슬퍼 보였어요.
"베드로, 우리와 함께 우리의 마을에 가 주세요. 우리 친구 도르가가 죽었어요."
그들이 말했어요.
베드로는 그들과 함께 급히 도르가의 집을 향해 갔어요.

그들이 도르가의 집에 도착했을 때 많은 사람들이 울고 있었어요.
"도르가는 정말 좋은 사람이었어요. 그녀가 나에게 이 옷을 만들어 주었어요."
한 어린 소녀가 말했어요.
(옷을 보여 주세요.)
"보세요! 내 신발이 너무 낡아서 버리게 되었는데, 새 신발을 살 돈이 우리에게는 없었어요. 그런데 도르가가 이렇게 새 신발을 만들어 주었어요."
한 어린 소년이 말했어요.
(신발을 보여 주세요.)
사람들은 계속해서 베드로에게 말했어요.
"도르가는 우리에게 예수님의 사랑을 보여 주었어요.
우리는 도르가를 정말 많이 보고 싶어할 거예요."

이 말을 다 듣고 베드로는 모든 사람들을 도르가가 있는 방에서 나가게 했어요. 그리고 베드로는 무릎을 꿇고 기도했어요.
"예수님, 도르가를 살려 주셔서 다시 한 번 예수님을 위해 살 수 있게 해 주세요."
그리고 베드로는 도르가의 손을 잡고 말했어요.
"도르가야, 일어나라!"
그러자 눈을 감고 누워 있던 도르가가 눈을 번쩍 뜨고 일어나서 앉았어요!
베드로는 도르가가 친구들을 만날 수 있도록 도와주었어요.
도르가를 만난 모든 사람들이 하나님을 찬양했어요!
그들은 서로 끌어안고 기쁨으로 펄쩍 뛰었어요! 그리고 그들은 함께 웃었어요.

그들이 예수님을 모르는 친구들에게 도르가가 살아난 이야기를 했을 때, 많은 사람들이 예수님을 믿게 되었어요.
그리고 교회에 하나님의 가족이 점점 더 많아졌어요.

3 쑥쑥 - 말씀대로 자라요!

 대인관계 언어 공간 신체

목표

하나님을 사랑하는 우리가 모여 교회가 됨을 압니다.

활동 자료

1. 성경 이야기 그림(예꿈 그림책 B권 8과)
2. 예꿈B 교회학교용(8과)
3. 가위, 풀

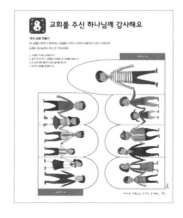

'우리 교회' 만들기

❶ 사랑 쑥쑥

반 친구들과 인사

어린이들과 함께 우리 교회의 이름을 구호처럼 외쳐 봅니다.
선생님이 출석을 부를 때 교회 모양이나 십자가 모양 스티커를 출석표에 붙여 주면서 어린이들과 인사합니다.

❷ 말씀 쑥쑥

암송

이사야 43:21

이 백성은 내가 나를 위하여 지었나니 나를 찬송하게 하려 함이니라.

이 백성은
(한 손씩 펼치기)

내가 나를 위하여
(두 손을 가슴에 모은 후
두드리기)

지었나니
(양손 주물럭)

나를 찬송하게
(뽀뽀하며 한 손씩
펼치기)

하려 함이니라
(짝짝짝짝 박수 4번)

❸ 생각 쑥쑥

성경 이야기 회상

– 예꿈 그림책의 성경 이야기 그림을 보며 이야기 나눕니다.
• 도르가는 교회의 가족들을 어떻게 섬겼나요?
• 도르가가 죽었을 때 슬퍼하며 기도한 사람들은 누구인가요?

• 도르가가 살아났다는 이야기를 듣고 교회 가족들의 수는 어떻게 되었나요?
• 우리에게 교회를 주신 분은 누구인가요?

❹ 믿음 쑥쑥 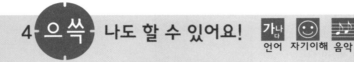
말씀 심화 활동
– '우리 교회'를 만들어 놀이를 해 봅니다.
• 교회학교용 15,17쪽에 무엇이 그려져 있는지 살펴봅니다.
• 굵은 선을 따라 오린 후 점선에 맞춰 접고 그림의 순서대로 붙여 연결합니다.
• 같은 반 친구의 그림들과 연결해 큰 교회를 만듭니다.
• 큰 교회 안에 들어가 보는 놀이를 하며 교회 안에 있는 기쁨을 느껴 봅니다.
• 각자의 교회를 완성합니다.

4 으쓱 나도 할 수 있어요! 가나다 언어 ☺ 자기이해 🎵 음악 🏃 신체

대그룹 활동 : 우리가 모여 교회가 되었네

목표

사람들이 모여 교회가 되는 것을 몸으로 표현합니다.

❶ 마음 으쓱 가나다 ☺
• 우리 ○○반에는 누가 있나요?
• 여러 반이 모여서 무엇이 되나요?
• 우리가 모두 모이면 무엇이 되나요?

❷ 몸 으쓱 가나다 🎵 🏃
• 선생님과 어린이들이 함께 원이 점점 커지는 활동을 하면서 교회를 몸으로 표현해 봅니다.
• 서로 박수를 치며 찬양을 하다가 "두 반씩 모이세요!" 하면 두 반이 모여 한 원을 만듭니다.
• 다시 계속해서 찬양을 하다가 "두 원씩 모이세요!" 하면 두 원이 모여 한 개의

원으로 만듭니다.
• 모든 원이 모여 커다란 한 개의 원이 될 때까지 놀이를 계속합니다.
• 마지막에 모두 모여 하나의 원이 되면 "하나님, 교회의 가족을 주셔서 감사해요!" 하고 외치며 마무리합니다.

9 하나님께서 아담과 하와를 용서하셨어요

성경 본문
창세기 3장

암송
에베소서 4:32
서로 친절하게 하며 불쌍히 여기며 서로 용서하기를 하나님이 그리스도 안에서 너희를 용서하심과 같이 하라.

오늘의 포인트
아담과 하와를 용서하신 하나님께서 우리도 용서하세요.

오늘의 만남

1. **안녕, 친구야!**
'순종' 표지판을 이용하여 어린이들을 반갑게 맞이합니다.
• 순종과 불순종 찾기

2. **아하, 말씀이 재밌어요!**
하나님께서는 아담과 하와의 불순종도 용서하셨다는 이야기를 듣습니다.
• 성경 이야기 : 용서의 하나님

3. **쑥쑥 말씀대로 자라요!**
잘못을 회개하면 하나님께서 우리를 용서해 주심을 압니다.
• '순종 지우개' 만들기

4. **으쓱, 나도 할 수 있어요!**
우리의 잘못을 용서해 주시려고 하나님께서 예수님을 보내 주셨음을 감사드립니다.
• '순종 지우개' 활동 : 잘못을 지워요

말씀 길잡이

인간의 불순종으로 말미암아 하나님께서 만드신 선한 지구에 너무나 빨리, 그리고 비극적인 파괴가 찾아왔습니다. 우리의 첫 조상들은 창조의 정점에서 하나님께서 먹지 말고 두라고

기도해요
여러분의 죄를 하나님께 고백하고 용서를 구하세요. 그리고 어린이들이 예수님을 신뢰하고 하나님의 위로와 축복을 경험할 수 있도록 기도하세요.

하신 바로 그 나무의 열매를 따먹었습니다. 어떻게 이런 일이 일어났을까요? 이 사건은 교활한 뱀으로 인해 일어났습니다. 하와에게 던진 뱀의 질문은 거짓이었습니다. 창세기 3장 1절을 2장 16-17절과 비교해 보십시오. 하와는 뱀의 질문의 틀린 점을 고쳐 주었지만 하나님께서 선악과를 만지기만 해도 죽게 될 것이라 말씀하셨다고 하나님의 말씀을 과장했습니다. 뱀은 하나님께서 부당하게 아담과 하와를 하나님께 종속된 존재로 만드셨기 때문에, 아담과 하와가 선악과를 먹으면 그것이 아담과 하와에게 이득을 줄 것이라고 암시하면서 (3:4-5) 교묘하게 그들을 현혹시켰습니다.

인류의 첫 커플은 공개적으로 하나님께 불순종하고, 금지된 열매를 따먹었습니다. 그러자 뱀이 말한 대로 그들의 눈이 밝아졌으나 아담과 하와가 깨닫게 된 것은 자신들이 벌거벗었다는 사실과 수치뿐이었습니다.

이제 아담과 하와는 하나님께로부터 멀어졌습니다. 하나님께서 아담을 부르시는 소리를 들었을 때 두 사람은 너무나 겁에 질렸습니다. 이전에 아담과 하와는 하나님과 동행하면서 기뻐했지만 이제는 슬프게도 두 사람을 도와주실 수 있는 유일한 분인 하나님께로부터 도망쳐서 숨었습니다.

아담과 하와는 자신의 죄를 스스로 회개하지 않았습니다. 하나님께서 아담과 하와를 찾으시고 그들의 잘못을 물으실 때까지 가만히 있었습니다.

어린이들은 자신이 잘못했다는 말을 들으면 자신의 행동을 변명하기 위한 이야기를 지어내기도 합니다. 어린이들에게도 부모님께 자신이 저지른 잘못을 사실대로 말하지 못한 경험이 있을 것입니다. 만일 어린이들에게 그러한 경험이 없다면 선생님이 예전에 했던 비슷한 실수를 이야기해 주십시오.

여기서 우리 모두 하나님께서 공의와 자비를 어떻게 조절하시는지를 주목하기 원합니다. 하나님께서는 아담과 하와의 죄로 인한 죽음을 은혜로 연기해 주셨습니다(참고. 2:17). 아담과 하와는 남은 일생 동안 살아가면서 자신이 저지른 죄의 문제를 어떻게 해결하고 하나님과의 영원한 관계를 다시 회복할 수 있는지 배울 수 있었습니다. 하나님께서는 아담과 하와가 저지른 잘못을 바로잡을 구원자를 보내주신다고 약속하셨습니다(3:15).

그러나 그 동안 아담과 하와는 고통을 겪으면서 자신의 불순종을 기억하게 되었습니다 (16-19절). 남자는 일하는 것이 이전보다 더욱 힘들어졌습니다. 그리고 여자에게는 해산의 고통이 크게 더해졌습니다. 남자와 여자

함께 나눠요

어린이들에게 원죄의 개념이나 우리가 가진 죄인의 본성에 대해 가르치는 것은 너무 이릅니다. 아담과 하와의 불순종을 우리의 불순종과 비교함으로써 죄가 무엇인지에 대해서만 간단히 설명해 주세요. 어린이들이 좀 더 나이가 들면 이러한 개념을 서서히 이해할 수 있게 될 것입니다.

모두 인생에 있어 가장 아름답고 풍요로운 영역에서 불순종의 대가를 느끼게 된 것입니다. 만약 삶에서 이러한 변화가 없었다면, 그들은 자신의 죄로 인해 하나님께 용서를 구하는 것을 소홀히 했을 것입니다.

하나님께서는 아담과 하와에게, 그리고 우리에게 불순종이 가져온 결과들을 깨달을 수 있도록 '경종'을 계속해서 울려 주십니다. 모든 것을 제자리로 돌려놓으실 수 있는 유일한 하나님을 떠나, 과연 어디에서 우리의 죄를 대면할 수 있을까요?

우리가 죄를 소홀히 여기고 무시하는 것은 죄를 해결하는 방법이 아닙니다. 죄를 해결하는 유일한 방법은 우리의 죄를 예수님께 내려놓는 것입니다. 예수님이 십자가를 지시고 우리의 죄를 감당하셨기 때문에 우리는 하나님께 나아가 죄를 회개하고 하나님의 용서를 구할 수 있습니다. 하나님께서는 예수님을 통해 우리의 죄를 용서해 주십니다. 아무것도 우리를 하나님의 영원한 사랑에서 갈라놓을 수 없습니다.

1 안녕 친구야! 언어 공간

안녕, 안녕!
예배실 입구에 마스킹 테이프로 두 갈래 길을 표시합니다. 예배실로 가는 길에는 '순종' 표지판을, 다른 길에는 '불순종' 표지판을 붙이거나 세워 놓습니다(신호등의 빨간 불과 초록불을 이용해도 좋습니다). 어린이들이 순종 표지판을 따라 예배실로 들어오면 "○○야, 순종하는 마음으로 예배하러 왔구나!" 하고 반갑게 맞이합니다.

마음 열기
순종과 불순종 찾기
아래의 상황을 예로 들어 "우리가 ……할 때 우리는 하나님께 순종하고 있나요? 불순종하고 있나요?"라고 묻습니다. 어린이들은 질문을 듣고 순종 또는 불순종 표지판을 들어 대답합니다.
- 장난감을 먼저 가지고 놀려고 친구랑 싸워요.
- 유치원에서 줄을 서서 기다릴 때, 친구를 밀고 싸워요.
- 쓰레기를 쓰레기통에 버려요.
- 엄마께서 밥 먹으라고 부르시면 "네" 하고 대답해요.

2 아하 말씀이 재밌어요! 언어 공간

용서의 하나님

선생님들이 아담과 하와, 뱀으로 등장합니다. 해설자는 배경판에 초록색, 짙은 회색, 금색 직사각형 부직포와 십자가가 그려진 빨간색 부직포를 붙이면서 진행하세요.

어린이들에게 하나님께서 아담과 하와를 창조하셨다는 사실을 기억하고 있는지 다시 한번 물어 보세요. 어린이들의 대답을 듣고 정리해 준 후에 성경 이야기를 시작합니다.

아담과 하와는 하나님께서 만드신 아름다운 세상을 돌보면서 행복했어요. 그런데 어느 날, 매우 슬픈 일이 일어나고 말았어요.

하나님께서는 크고 멋진 세상을 만드셨어요.
(양팔로 큰 원을 만드세요.)
하나님께서 만드신 세상은 너무 아름다웠어요.
아담과 하와는 하나님께서 아담과 하와를 위해 만드신 아름다운 초록색 동산에서 살면서 행복했어요.
(초록색 부직포를 배경판에 붙이세요.)

하나님께서는 동산 가운데에 아주 특별한 나무를 만드셨어요. 하나님께서는 아담과 하와에게 동산에 있는 모든 나무의 열매를 먹어도 좋지만, 이 특별한 나무의 열매만은 먹지 말라고 말씀하셨어요.
"너희가 나에게 순종하지 않으면, 너희는 죽을 것이다."

어느 날, 하와는 동산을 걷고 있었어요.
그때 뱀이 다가와서 속삭였어요.
"하나님께서 정말 모든 나무의 열매를 먹지
말라고 하셨니?"
"아니야. 하나님께서는 동산 안의 모든 나
무의 열매를 먹어도 좋지만, 동산 가운데 있
는 이 나무의 열매만은 먹지 말라고 하셨어.
우리가 하나님께 순종하지 않으면 우리는
죽게 될 거야."
하와가 대답했어요. 그 뱀은 하와를 속이고
싶었어요. 그래서 그 뱀이 말했어요.
(교활한 말투로 이야기하세요.)
"너희가 그 나무의 열매를 먹어도 너희는
죽지 않을 거야! 오히려 하나님처럼 될 거라
고! 너희는 좋고 나쁜 것을 구별할 수 있게
될 거야!"

하와는 동산 가운데 있는 나무의 열매를 바
라보았어요. 열매는 너무나 아름답고 맛있
어 보였어요. 하와는 열매를 따서 먹었어
요! 하와는 하나님께 순종하지 않았어요.
하와는 열매를 아담에게도 주었어요. 아담
도 열매를 먹었어요! 아담도 하나님께 순종
하지 않았어요.

열매를 먹고 나서 아담과 하와는 자신들이
하나님께 순종하지 않았다는 것을 깨닫게
되었어요. 그들은 하나님께서 하지 말라고
하셨던 일을 한 거예요. 너무나 슬픈 날이었
어요.
(짙은 회색 부직포를 초록색 부직포 옆에 붙
이세요.)

아담과 하와는 하나님께서 동산을 거니시는
소리를 들었을 때, 얼른 나무 뒤로 숨었어
요. 그러나 하나님께서는 아담과 하와를 부
르셨어요.

"아담과 하와야, 너희가 무슨 일을 했느냐?
너희는 왜 나에게 순종하지 않았느냐?"

아담이 대답했어요.
"하와가 저에게 열매를 줘서 먹었어요."
하와도 대답했어요.
"뱀이 저를 속였기 때문이에요. 그래서 제
가 열매를 먹게 되었어요."

하나님께서는 너무 슬프고 화가 나셨어요.
하나님께서는 뱀에게 영원토록 흙 위를 배
로 기어 다니게 될 것이라고 말씀하셨어요.
또 하나님께서는 아담에게 앞으로는 일을
하는 것이 매우 힘들어질 것이라고 말씀하
셨어요. 그리고 하와에게는 앞으로는 아기
를 낳을 때 많이 아프게 될 것이라고 말씀하
셨어요. 그리고 아담과 하와를 아름다운 동
산에서 떠나게 하셨어요.

하나님께서는 아담과 하와를 에덴동산에서
떠나게 하셨지만 아담과 하와를 여전히 사
랑하셨어요. 하나님께서는 하나님의 하나뿐
인 아들이신 예수님을 이 땅에 보내 주시겠
다고 약속하셨어요. 그리고 예수님이 십자
가에서 죽으셔서 아담과 하와의 죄가 용서
받을 것이라고 하셨어요.
(십자가가 그려진 빨간 부직포를 옆에 붙이
세요.)

우리가 예수님을 사랑하면, 하나님께서는
우리의 모든 잘못을 용서해 주세요.
그리고 언젠가 우리는 천국에서 예수님과
함께 영원히 살게 될 거예요!
(금색 부직포를 그 옆에 붙이세요.)

우리의 잘못을 용서하기 위해 오신 예수
님, 감사해요!

3 쑥쑥 말씀대로 자라요!

언어 대인관계 공간 자기이해

목표

잘못을 회개하면 하나님께서 용서해 주시는 것을 압니다.

활동 자료

1. 성경 이야기 그림(예꿈 그림책 B권 9과)
2. 예꿈B 교회학교용(9과)
3. 솜방울(뿅뿅이), 투명 테이프, 유성 매직, 수성 매직, OHP 필름 또는 비닐

'순종 지우개' 만들기

❶ 사랑 쑥쑥

둥그렇게 둘러앉아 릴레이 악수를 합니다. 옆의 친구에게 "○○야, 잘 왔어!"라고 인사하며 손을 잡습니다. 마지막으로 모두 함께 잡은 손을 흔들며 "반갑다, ○○반!" 하며 인사합니다.

❷ 말씀 쑥쑥

암송

에베소서 4:32

서로 친절하게 하며 불쌍히 여기며 서로 용서하기를 하나님이 그리스도 안에서 너희를 용서하심과 같이 하라.

선생님은 큰 소리로 또박또박 암송 말씀을 읽어 주며 어린이들이 말씀에 친숙해지도록 합니다. '친절'이나 '용서'와 같은 어려운 낱말의 뜻을 설명해 주고, 암송 말씀을 한 소절씩 다함께 따라 외쳐 봅니다.

❸ 생각 쑥쑥

성경 이야기 회상

– 예꿈 그림책의 성경 이야기 그림을 보며 이야기를 나눕니다.

• 아담과 하와는 왜 에덴동산을 떠나게 되었나요?
• 에덴동산을 떠날 때 아담과 하와의 마음은 어땠을까요?
• 하나님께 용서를 받았을 때 아담과 하와의 마음은 어땠을까요?

❹ **믿음 쑥쑥** 가녀 👁 ☺
말씀 심화 활동
– '순종 지우개'를 만들어 활동하면서 하나님께서 우리의 죄를 용서하셨다는 것을 기억합니다.
• 솜방울(뽕뽕이)에 유성매직으로 십자가를 그려 '순종 지우개'를 만듭니다.
• 자신이 잘못했던 일을 생각해 보고 이야기 나눕니다.
• 교회학교용 19쪽의 그림에 OHP 필름 또는 비닐을 덮고 검은색 수성 매직으로 잘못할 때의
  표정과 마음을 그립니다.
• "하나님, 잘못을 용서해 주세요. 아멘" 하고 기도한 후 순종 지우개로 지웁니다.
• 깨끗하게 지워진 그림을 보며 우리의 잘못을 용서해 주신 하나님께 감사의 기도를 드립니다.
• 하나님 말씀에 순종할 때의 내 표정을 다시 그려 봅니다.

4 나도 할 수 있어요!

'순종 지우개' 활동 : 잘못을 지워요

목표

하나님께서 우리의 잘못을 용서해 주시려고 예수님을 보내 주셨음을 감사드립니다.

❶ **마음 으쓱** 가녀 ☺
• 내가 잘못을 했을 때 부모님의 마음은 어떨까요?
• 내가 잘못을 했을 때 하나님의 마음은 어떨까요?
• 하나님께서는 우리의 잘못을 용서하시려고 누구를 보내 주셨나요?
• 하나님께서는 우리의 잘못을 모두 용서해 주시나요?

❷ **몸 으쓱** 가녀 🤸
– 순종 지우개로 우리의 잘못을 지우며 하나님의 용서를 경험합니다.
• 화이트보드를 준비합니다(흰색 전지에 비닐을 덮어도 좋습니다).

• 그 위에 보드마카(수성 매직)로 불순종하는 우리의 마음을 그립니다.
• 순종 지우개에 붙은 십자가는 우리의 잘못을 위해 십자가에 죽으신 예수님을 나타낸다고 상기시킵니다.
• "하나님, 우리의 잘못을 용서해 주세요. 아멘." 하고 큰 소리로 외친 후 순종 지우개로 지우도록 합니다.
• 참여하는 어린이들의 수에 맞게 화이트보드(흰색 전지+비닐) 크기를 선택하거나 순서를 정하여 활동합니다.
• 다 지운 후 깨끗해진 화이트보드를 보며 우리의 잘못을 완전히 용서하신 하나님께 감사드립니다.

10 하나님께서 요나를 용서하셨어요

성경 본문
요나 1-2장

암송
에베소서 4:32
서로 친절하게 하며 불쌍히 여기며 서로 용서하기를 하나님이 그리스도 안에서 너희를 용서하심과 같이 하라.

오늘의 포인트
요나를 용서하신 하나님께서 우리도 용서하세요.

오늘의 만남

1. 안녕, 친구야!
선생님이 선장처럼 캡틴 모자를 쓰거나 승무원 복장을 하고 어린이들을 환영합니다.
• 다시스 행 티켓 만들기

2. 아하, 말씀이 재밌어요!
하나님께서 요나를 용서하신 이야기를 듣습니다.
• 성경 이야기 : 요나를 용서하신 하나님

3. 쑥쑥 말씀대로 자라요!
하나님께서는 우리가 순종하지 않은 일을 회개할 때 우리를 용서하세요.
• '요나를 삼킨 큰 물고기' 만들기

4. 으쓱, 나도 할 수 있어요!
우리를 용서하시는 하나님을 찬양합니다.
• 찬양 : "나 용서받았네"

말씀 길잡이

요나는 성경에 나오는 선지자들 중 선지자답지 않은 모습을 보인 유일한 선지자였습니다.

기도해요

여러분 모두에게는 놀라운 책임이 주어져 있습니다. 요나의 이야기를 통해 여러분도 하나님께 쓰임 받을 수 있다는 것을 깨닫고, 여러분이 주님의 말씀을 전하는 메신저가 될 수 있게 해 달라고 기도하세요. 그리고 주님의 말씀을 잘 전할 수 있도록 도와달라고 기도하세요.

주님께서 아밋대의 아들 요나에게 말씀하셨습니다(욘 1:1). 우리는 요나가 다른 선지자들처럼 행동하기를 기대합니다. 하나님의 거룩한 말씀을 전하기 위해 힘차게 전진하는 선지자들처럼 말이지요. 그러나 요나는 그렇지 않았습니다! 요나는 완전히 반대 방향으로 도망가 버렸습니다. 그는 하나님의 절대적인 영역에서 벗어나기 위해 첫 배를 타고 나라를 벗어났습니다. 결국 그것은 헛수고가 되고 말았지만 말입니다.

무엇이 요나로 하여금 이토록 노골적으로 하나님을 불순종하도록 만들었을까요? 니느웨는 당시 앗시리아의 수도였습니다. 앗시리아는 이스라엘이 가장 두려워했던 강대한 나라였습니다. 요나가 니느웨 사람들에게 그들에게 임박한 운명에 대해 경고한다는 것은 절대적으로 비애국적인 행동이었습니다. 만일 그가 하나님과 자신의 조국 사이에서 선택해야만 한다면 요나는 자신의 조국을 선택했을 것입니다.

그러나 요나의 앞에 놓여 있는 선택은 오로지 하나밖에 없었습니다. 요나는 자신이 하나님께 속한 대변자라는 것을 인정해야만 했습니다. 또한 하나님께서는 바다 건너 외국에서도 그를 다시 끌어오실 수 있는 전지전능하신 분이라는 것도 인정해야 했습니다. 요나는 유대인만의 하나님이 아닌 모든 이방인들에게도 똑같은 하나님이시라는 것을 깨달아야 했습니다.

성난 폭풍우가 요나의 하나님에 대한 근시안적 시각을 즉시 바로잡았습니다. 제비뽑기를 통해 뽑혔을 때, 요나는 하나님께서 하신 일이라는 것을 알았습니다(1:9-10). 그는 이스라엘의 하나님께서 바다도 다스리시는 분이라는 것을 깨달았습니다(9절). 요나는 망설이는 선원들을 설득해서 자신을 배 밖으로 던져서 배를 구하라고 이야기합니다. 선원들은 그렇게 하지 않으려 했습니다. 그러나 그들은 하나님께서 요나를 대면하시는 것을 막을 수 없었습니다. 그래서 그들은 요나를 배 밖의 깊은 물속으로 던졌습니다. 그 즉시 바다는 잔잔해졌습니다.

이제 요나는 어떠한 구조도 바랄 수 없는 상황이 되었습니다. 주님께서는 큰 물고기 한 마리를 마련하여 두셨다가, 요나를 삼키게 하셨습니다. 요나는 사흘 밤낮을 그 물고기 뱃속에서 지냈습니다(17절). 기적적으로 요나는 니느웨에 가서 하나님의 말씀을 전할 두 번째의 기회를 갖게 되었습니다.

물고기 뱃속에서 있었던 길고, 무섭고, 유쾌

함께 나눠요

하나님께서는 하나님께 순종하지 않는 사람들에게조차 어떻게 자비를 베푸시는지 생각해 보기 원합니다. 이것이 요나의 이야기가 우리를 위로해 주는 이유입니다.
하나님께서는 우리가 늘 순종하기를 원하십니다. 그러나 우리가 비틀거리고 넘어지더라도, 하나님께서는 사랑과 관대한 마음으로 우리를 감싸 주십니다. 하나님께서는 우리가 믿음으로 주님 앞에 나아갈 때 우리를 용서해 주십니다.

하지 않았던 시간 동안, 요나는 자기 자신을 돌아볼 시간을 갖게 되었습니다. 그는 자신의 죄를 고백하고, 그로 인한 결과를 생각했습니다. 하나님께서는 이 고집 센 선지자를 돌보아주셨습니다. 요나는 자신이 하나님의 손과 하나님의 마음에 얼마나 강하게 붙들려 있는지 깨닫게 되었습니다. 그리고 서서히 희망이 돌아오기 시작했습니다. 요나는 주님께 서원을 했고, 자신의 서원을 이루기 위해 니느웨 성으로 갈 기회를 다시금 얻었습니다. 믿음의 승리 속에서 그는 이제 "구원은 여호와께 속하였나이다"(2:9)라고 고백했습니다.

물고기는 친절하게도 요나를 마른 땅 위에 토해냈습니다. 회개와 회복은 아름답지만은 않습니다. 우리의 영혼의 구속 역시 아름답지만은 않습니다. 그것을 위해 예수께서는 땅 속에서 굴욕적인 사흘을 보내셨습니다. 그러나 하나님의 마음은 너무도 크고 넓어서 하나님께로 나와 죄를 고백하는 모든 죄인들을 사랑으로 받아 주십니다.

1 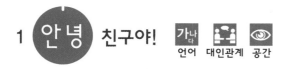 안녕 친구야!

가나다 언어　대인관계　공간

안녕, 안녕!
선생님은 선장처럼 캡틴 모자를 쓰거나 승무원 복장을 하고 어린이들이 배에 승선하는 것 같은 분위기를 연출합니다.
"○○호 배에 타신 여러분을 환영합니다" 하며 어린이들을 맞이합니다.

마음 열기
다시스 행 티켓 만들기
어린이들이 티켓을 만들 수 있도록 종이와 색연필 등의 필기구를 준비해 둡니다. 선생님은 어린이들이 배를 타 본 경험이 있는지 물어보며 요나 이야기를 기대하도록 합니다.

2 말씀이 재밌어요!

  언어　공간

요나를 용서하신 하나님

준 비 물 : 큰 물고기(뱃속이 보이도록 만드세요), 커다란 배(배 선실 아래쪽이 보이도록 만드세요), 짐 보따리와 가방
등장인물 : 요나, 선장, 선원들, 하나님 목소리

선생님은 요나처럼 분장하고 연극을 하듯이 이야기를 시작합니다.

"요나야, 요나야!"
나는 깜짝 놀라 일어났어요.
하나님께서 부르시는 음성이었어요.
"요나야, 니느웨 성으로 가거라. 사람들이 지금 죄를 짓고 있다는 것을 깨닫게 해 주어라."
"네에? 니느웨로 가라고요?"
나는 벌떡 일어나서 말했어요.
"싫어요! 싫다고요. (머리를 흔드세요.) 니느웨 사람들이 우리를 얼마나 괴롭혔는데요. 나는 갈 수 없어요."
나는 하나님을 피해 도망가려고 바닷가로 가서 얼른 배를 탔어요.
"이보시오, 표를 주시오."
(선장이 손을 내밉니다.)
"여기 있어요."
(주머니에서 표를 꺼내 선장에게 주는 시늉을 하세요.)
"배를 탄 모든 사람들은 앉으세요. 곧 출발합니다. 출발!"

선장은 큰 소리로 외쳤어요.

"하암~ 졸려!"
나는 배 아래층으로 내려가 잠이 들었어요.
(배 선실 아래쪽에 있는 요나를 보여 줍니다.)
잠시 후에 선장이 나를 깨웠어요.
"이보시오! 빨리 일어나요!"
(깜짝 놀라 일어나 눈을 비비세요.)
"어! 무슨 일이지?"
"저 높은 파도를 보세요! 배가 부서질 것 같아요! 이렇게 위험한데 당신은 잠이 와요?"
(배를 움직이세요.)
"어! 저기 내 가방이 떠내려가요. 내 옷들, 내 도시락!"
(가슴을 치면서 안타까워하세요.)
배를 가볍게 하려고 선원들이 모든 짐들을 바다에 던지다가 말했어요.
"모두 모이세요! 갑자기 폭풍이 일어나는 것이 누구 때문인지 제비를 뽑아 알아봅시다."
(종이로 제비뽑기를 하세요.)
내가 제비를 뽑고 말았어요. 제비뽑기 후에 그들 모두는 나를 가리켰어요.
(손가락으로 요나를 가리키세요.)
"도대체 당신은 누구요?"
"나요? 나는 땅과 바다를 만드신 하나님을 예배하는 사람이에요. 나는 지금 하나님으로부터 도망치는 중이에요."
"뭐라고요? 하나님을 예배하는 사람이요? 그럼 바다를 잠잠하게 만들려면 어떻게 해야 합니까?"
그들이 두려워하며 물었어요.
나는 나 때문에 이러한 폭풍우가 온 것을 알았어요.
"나를 바다로 던지세요! 그러면 바다가 잠잠해질 것입니다."
선원들은 폭풍이 점점 더 무서워지자 나를 바다에 '풍덩' 하고 던졌어요.

"와! 바다가 잠잠해졌어요!" 선원들이 말했어요.

나는 해변으로 헤엄쳐 가기로 마음먹었어요. 하지만……
(큰 물고기를 준비하세요.)
"저게 뭐지?"
(물고기가 요나에게 가까이 다가갑니다.)
"저렇게 큰 물고기는 처음 봐요! 어! 어!"
물고기가 나를 삼켜버렸어요!
(어푸어푸 물고기 뱃속에서 몸부림치는 시늉을 합니다.)
여러분, 물고기 뱃속을 본 적이 있나요?
이 안은 너무 깜깜해요. 그리고 끈적거리고 냄새도 나요.

나는 물고기 뱃속에서 무릎을 꿇고, 하나님께 나를 용서해 달라고 기도 드렸어요.
"하나님, 잘못했어요. 하나님의 말씀에 순종하며 살겠어요.
이제부터 하나님과 약속한 것은 모두 지키며 살겠어요. 구원은 하나님께만 있습니다."

(잠시 쉬고, 졸다가 깨는 시늉을 하세요.)
어! 어! 무슨 일일까요? 내 몸이 흔들려요!
(물고기를 흔드세요.)
"꺼억!"
지금까지 들어본 중에 가장 큰 트림 소리예요.
"켁!"(물고기 입 쪽에서 튕기듯 나오세요.)
물고기가 나를 토해냈어요.
(몸을 만지며 주변을 살피세요.)

나는 물고기 뱃속에서 삼일 밤낮을 보냈지만 하나님께서는 나를 용서해 주시고 살려 주셨어요!
이제부터는 하나님을 피해서 도망 다니지 않을 거예요.
나를 용서해 주신 하나님, 감사합니다.

3 쑥쑥 말씀대로 자라요!

언어 대인관계 신체 공간

목표

하나님께서는 우리가 순종하지 않은 일을 회개할
때 우리를 용서하세요.

활동 자료

1. 성경 이야기 그림(예꿈 그림책 B권 10과)
2. 예꿈B 교회학교용(10과)
3. 풀, 가위, 칼

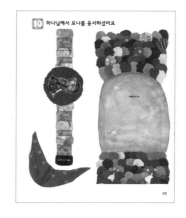

'요나를 삼킨 큰 물고기' 만들기

❶ 사랑 쑥쑥 가나 대인관계
반 친구들과 인사

친구들과 인사할 때 제비뽑기 카드를 준비해 어린이들이 하나씩 뽑게 합니다.
제비뽑기 카드는 '요나'라고 적힌 카드 한 장과 나머지는 아무것도 적히지 않은 카드로 만들
어 놓고 뽑게 합니다. '요나' 카드를 뽑은 어린이가 친구들에게 출석 스티커를 나누어 주게
합니다.

❷ 말씀 쑥쑥 가나 신체
암송

에베소서 4:32
서로 친절하게 하며 불쌍히 여기며 서로 용서하기를 하나님이 그리스도 안에서 너희를 용서
하심과 같이 하라.

서로 (친구와 한 손 잡고 흔들기)
불쌍히 여기며 (자기 머리 쓰다듬기)
하나님이 (오른손 올리기)
너희를 (친구와 한 손 잡고 흔들기)

친절하게 하며 (한 손으로 가슴을 쓰다듬기)
서로 용서하기를 (서로 마주보며 손 잡고 흔들기)
그리스도 안에서 (왼손 올리기)
용서하심과 같이 하라 (서로 마주보며 손 잡고 흔들기)

❸ 생각 쑥쑥 가나 공간
성경 이야기 회상

– 예꿈 그림책의 성경 이야기 그림을 보며 이야기를 나눕니다.
• 하나님께서는 요나에게 어디로 가라고 하셨나요?
• 요나가 하나님 말씀에 순종하지 않았을 때 어떤 일이 일어났나요?

- 요나는 물고기 뱃속에서 무엇을 했나요?
- 요나가 회개했을 때 하나님께서는 요나를 어떻게 하셨나요?

❹믿음 쑥쑥

말씀 심화 활동

– 요나를 삼킨 물고기를 만들어 놀이해 보세요.
- 교회학교용 21쪽에 있는 큰 물고기 그림을 오리고 표시 부분에 칼집을 냅니다.
- 교회학교용 29쪽 뼈대를 몸통에 끼우고 지느러미와 꼬리를 풀로 붙입니다.
- 물고기가 완성되면 꼬리를 잡아당기며 놀이합니다.
- 물고기 뱃속의 요나처럼 기도해 봅니다.

4 으쓱 나도 할 수 있어요!

언어 자기이해 음악

찬양 : "나 용서 받았네"

목표

우리를 용서하시는 하나님을 찬양합니다.

❶ 마음 으쓱

– 용서하시는 하나님에 대해 이야기합니다.
- 나는 부모님의 말씀에 매일 순종하고 있나요?
- 내가 "잘못했어요"라고 말하면 부모님은 나를 용서하시나요?
- 내가 "잘못했어요"라고 하나님께 말하면 하나님께서는 나를 용서하시나요?

❷ 몸 으쓱

– 나를 용서해 주신 하나님께 박수 치며 찬양합니다.

나 용서받았네 너 용서받았네
우리 용서받았네
나 용서받았네 너 용서받았네
우리 용서받았네
주 말씀하시길 죄 사슬 끊겼네
우리 자유 얻었네 할렐루야
나 용서받았네 너 용서받았네
우리 용서받았네

11 하나님께서 니느웨를 용서하셨어요

성경 본문
요나 3-4장

암송
에베소서 4:32
서로 친절하게 하며 불쌍히 여기며 서로 용서하기를 하나님이 그리스도 안에서 너희를 용서하심과 같이 하라.

오늘의 포인트
하나님께서는 우리가 순종하지 않은 일을 회개할 때 우리를 용서하세요.

말씀 길잡이

우리는 물고기 뱃속에서의 요나의 경험을 통해 죄를 회개할 때 하나님께서 우리를 용서해 주신다는 것을 배웠습니다. 요나의 회개는 진심에서 우러나는 회개였습니다. 그는 하나님께 순종하여 니느웨로 가서 니느웨 사

기도해요

하나님께 긍휼을 내려 달라고 구하세요. 특히 대중매체나 여러분의 친구들이 적이라고 이름 붙인 사람들에 대한 긍휼의 마음을 주시도록 구하세요.

람들에게 경고했습니다. "사십 일이 지나면 니느웨가 무너지리라"(욘 3:4).

우리는 반쯤은 부족하게 여겨지는 선지자 요나의 입을 통해서도 사람들이 하나님께 돌아오는 것을 보면서, 하나님의 말씀이 가진 놀라운 능력을 보게 됩니다. 하나님의 말씀은 모든 도시 안에 전해졌습니다. 니느웨의 왕은 자신도 하나님 앞에 회개하면서, 모든 백성들에게 똑같이 할 것을 명령했습니다. 왜 그랬을까요? 그는 하나님께서 예언을 주시면서 그들에게 마지막 기회를 주셨다는 것을 깨달았기 때문이었습니다. 만약 하나님께서 니느웨 사람들에게 회개할 기회를 주시지

않을 것이라면 굳이 선지자 요나를 보내셔서 다가올 그들의 운명에 대해 이야기해 주실 필요가 없었을 것입니다.

하나님께서는 니느웨 사람들을 사랑하셨습니다. 그리고 그들을 벌하기를 원치 않으셨습니다. 하나님께서는 그들이 주님 앞에 진실하게 나오기를 원하셨습니다. 왕은 하나님께서 요나가 전한 말씀 이상의 것을 하실 수 있는 분이라는 것을 이해했습니다. "하나님이 뜻을 돌이키시고 그 진노를 그치사 우리가 멸망하지 않게 하시리라. 그렇지 않을 줄을 누가 알겠느냐?"(9절)

40일 후에도 니느웨는 여전히 건재했습니다(10절). 왕과 백성들과 하나님 모두 행복했습니다.

그러나 요나는 못마땅하여 화가 났습니다. 선택받은 이스라엘 백성 요나는 그의 대적이 멸절되는 것을 보기 원했기 때문이었습니다. 그는 니느웨 사람들이 하나님의 경고를 귀담아듣지 않기를 바랐습니다. 그러나 니느웨 사람들이 진심으로 회개하여 구원을 얻게 되자 요나는 너무도 실망한 나머지 하나님께 자신의 목숨을 거두어 달라고 말합니다. 요나에게는 아직도 배워야 할 교훈이 있었습니다. 하나님께서 원하시는 대로 순종한 것만으로는 아직 부족했습니다. 하나님께서는 요나의 마음이 하나님의 마음과 같아져서 하나님께서 원하시는 것을 요나도 원하게 되기를 바라셨습니다.

하나님께서는 박 넝쿨을 마련하셔서, 요나가 뜨거운 태양을 피해 박 넝쿨의 그늘 아래서 쉴 수 있도록 하셨습니다. 박 넝쿨이 죽자 요나는 너무나 슬펐습니다. 하나님께서는 요나에게 말씀하셨습니다. "박 넝쿨이 죽었다고 네가 이렇게 화를 내는 것이 옳으냐?" 요나가 대답하였습니다. "옳다뿐이겠습니까? 저

는 화가 나서 죽겠습니다"(참고. 4:9).

하나님께서는 그것을 부정하지 않으셨습니다. 그러나 요나는 자신이 키우지도 않은 하찮은 박 넝쿨 때문에 마음이 좋지 않은 것을 경험했기 때문에, 하나님께서 하나님의 형상대로 만드신 니느웨 사람들에 대해 가지신 긍휼의 마음을 이해할 수 있게 되었습니다. 하나님께서는 작은 박 넝쿨을 아직 좌우를 분변하지 못하는 십이만 명의 니느웨 사람들과 비교해 보라고 말씀하셨습니다(11절). 옳고 그른 것을 알기에도 부족했던 그들이 정말 모두 죽어야 했을까요? 그리고 수많은 짐승들은 끔찍한 죽음을 맞을 아무런 잘못도 저지르지 않았습니다(11절).

요나는 자신이 용서받은 것처럼 다른 사람들을 용서하는 법을 배워야 했습니다. 예수께서는 우리에게 "우리가 우리의 죄를 사하여 준 것 같이 우리의 죄를 사하여 주옵시고"(마 6:12)라고 기도하도록 가르쳐 주셨습니다. 우리가 요나의 교훈을 배워서 우리가 구원받은 것처럼 다른 사람들이 은혜로 온전히 구원받기를 바라고 원하게 되어야 우리 안의 예수님의 사역은 비로소 완성되는 것입니다.

1 안녕 친구야! 📖언어 🏃신체 👥대인관계

📖📗 안녕, 안녕!

선생님은 푹신한 하트 모양 쿠션을 목에 걸고 어린이들을 안으며 맞이합니다. 항상 사랑해 주시고 팔 벌려 용서하시는 하나님의 모습을 표현하며 어린이들과 인사합니다.

한 명씩 "○○야, 하나님께서는 항상 너를 사랑하시고 용서하셔."라고 말하며 꼭 안아 줍니다.

📖🏃 마음 열기
하트 쿠션 놀이

하트 쿠션을 얼굴에 대 보거나 친구와 함께 쿠션을 안아 보는 놀이를 하며 푹신한 촉감을 통해 우리를 용서하시는 예수님의 사랑을 느껴 봅니다.

---

2 아하 말씀이 재밌어요! 언어 공간 신체

니느웨를 용서하신 하나님

화려하고 멋진 니느웨 그림 영상, 한지나 신문지를 구겨 만든 베옷(모든 어린이들이 입을 수 있도록 준비하세요), 소와 양 모양 머리띠를 준비합니다.
지난주에 사용한 물고기와 함께 등장하면서 이야기를 시작합니다.

"이 신선한 공기와 따스한 햇빛! 음~ 정말 좋다."
커다란 물고기 뱃속에서 나온 요나는 고개를 들어 맑은 하늘을 보며 신선한 공기를 마셨어요.
요나는 물고기 뱃속에 삼일 동안 있었어요. 캄캄한 물고기 뱃속에서 아무것도 먹지도 못

하고 음식 썩는 냄새를 맡으며 요나는 하나님의 마음을 생각해 보았어요.
'니느웨 사람들은 나쁜 짓을 많이 하고 우리 민족을 괴롭힌 악한 사람들인데 왜 나에게 니느웨로 가서 외치라고 하셨을까?'
아마도 하나님께서는 니느웨 사람들이 더 이상 악한 행동을 그만하고 하나님께 돌아오기를 원하셨던 것 같아요.
"맛있는 밥도 먹고 싶고 두 다리 쭉 펴고 편하게 잠자고 싶다. 아, 졸려~."
요나는 두 다리를 쭉 펴고 깊은 잠이 들었어요.

하나님께서 요나를 부르셨어요.
"요나야, 저 큰 성읍 니느웨로 가서 내가 전하는 말을 선포하여라."

요나는 하나님의 말씀에 "네" 하고 순종했어요. 그리고 니느웨로 가서 외쳤어요.
(화려하고 멋진 니느웨 그림 영상을 보여 줍니다.)
"니느웨 사람들! 40일 후면 니느웨 성이 무너질 것이오. 이제는 나쁜 행동을 그만하고 하나님의 말씀에 순종하며 사세요."
"뭐라고, 이 큰 성이 무너진다고?"
니느웨 사람들은 요나가 외치는 소리를 들었어요.
"40일 후에 니느웨 성이 무너진대요."
(손을 입에 대고 주변에 있는 친구들에게 말하게 해 주세요. 모든 어린이들이 참여하도록 합니다.)
"그 말이 정말이에요? 이렇게 화려하고 멋진 큰 성이 무너진다고요?"

사람들은 베옷을 입고 금식하며 하나님께 회개기도를 했어요.
이 소식이 니느웨 왕에게까지 알려졌어요.
'이렇게 커다란 성이 무너진다고? 하나님께 용서를 구하는 옷으로 바꿔 입고 회개해야겠다.'
왕은 화려한 옷을 벗고 굵은 베옷으로 바꿔 입었어요.
그리고 모든 사람들에게 명령했어요.
"여봐라! 내 말을 잘 들어라! 사람이든 짐승이든, 소나 양이나, 어느 누구도 아무것도 먹지 말고 마시지도 말라. 니느웨 사람들과 동물들은 베옷으로 갈아입고 하나님께 회개하여라."
(소와 양, 모든 어린이들이 베옷을 입고 회개하도록 합니다.)
"음매~음매~"
(소 머리띠를 하고 베옷을 입고 소 울음소리를 냅니다.)
"매에~매에~"
(양 머리띠를 하고 베옷을 입고 양 울음소리를 냅니다.)

니느웨 사람들은 먹지도 마시지도 않고 하나님께 회개했어요.
"하나님, 용서해 주세요. 하나님을 떠나서 나쁜 행동한 것, 사람들을 때리고 거짓말한 것 용서해 주세요. 사람들을 미워하지 않고 사랑하며 살겠어요."
왕뿐만 아니라 니느웨 모든 사람들은 진심으로 하나님께 회개했어요.
하나님께서는 회개하는 니느웨 사람들을 용서하셨어요.
40일 후에 무너질 것이라던 니느웨 성은 무너지지 않았어요.
(화려하고 멋진 니느웨 그림 영상을 다시 보여 주세요.)
니느웨 사람들은 하나님의 말씀에 순종하며 말씀대로 사는 법을 배웠어요.

하나님께서는 요나에게 모든 사람들을 사랑하신다는 것을 가르쳐 주셨어요.
니느웨를 용서하신 하나님께서는 우리도 용서해 주세요.
우리 모두를 용서하시고 사랑하시는 하나님께 감사를 드려요.

3 쑥쑥 말씀대로 자라요!

언어　대인관계　신체　공간

목표

하나님께서는 우리가 회개할 때 우리의 모든 죄를 용서해 주시는 분임을 압니다.

활동 자료

1. 성경 이야기 그림(예꿈 그림책 B권 11과)
2. 예꿈B 교회학교용(11과)
3. 가위, 투명 테이프

'용서받은 내 마음' 만들기

❶ 사랑 쑥쑥 가나다
반 친구들과 인사

선생님은 지난주에 만들었던 물고기를 가지고 하나님께서 "요나야!" 하고 부르면 요나가 "네 네 하나님" 하며 순종으로 대답하는 모습을 보여 줍니다.
이어서 선생님이 어린이들의 출석을 부르면 어린이들도 "네네 선생님" 하고 대답합니다.

❷ 말씀 쑥쑥 가나다
암송

에베소서 4:32

서로 친절하게 하며 불쌍히 여기며 서로 용서하기를 하나님이 그리스도 안에서 너희를 용서 하심과 같이 하라.
지난주에 배운 암송 손유희로 다시 한 번 외워 보고, 손유희 없이 말씀만으로도 외워 봅니다.

서로
(친구와 한 손 잡고 흔들기)

친절하게 하며
(한 손으로 가슴 쓰다듬기)

불쌍히 여기며
(머리 쓰다듬기)

서로 용서하기를
(두 손을 마주 잡고 흔들기)

하나님이
(오른손 올리기)

그리스도 안에서
(왼손 올리기)

너희를
(친구와 한 손 잡고 흔들기)

용서하심과 같이 하라
(두 손을 마주 잡고 흔들기)

❸ 생각 쑥쑥 가나다
성경 이야기 회상

– 예꿈 그림책의 성경 이야기 그림을 보며 이야기를 나눕니다.

- 요나가 니느웨 사람들에게 전한 하나님의 말씀은 무엇이었나요?
- 니느웨 사람들이 하나님께 회개했을 때 어떻게 되었나요?
- 하나님께서는 우리가 죄를 회개하면 언제나 용서해 주시나요?

❹ 믿음 쑥쑥
말씀 심화 활동

– "용서받은 내 마음"을 만들어 놀이해 보세요.
- 교회학교용 31쪽의 내 모습을 가위로 오려냅니다.
- 교회학교용 23쪽의 그림을 오려냅니다.
- 그림 뒷면에 투명 비닐봉투를 붙입니다.
- "친구랑 싸워서 미운 마음이 내 마음에 들어왔어요" 등 어떤 그림인지 그림에 대해 이야기를 나누고, 그림을 투명 봉투에 하나씩 넣습니다.
- 그림을 다 넣고 "예수님, 용서해 주세요"라고 말하면서 십자가가 그려진 종이를 끼워서 봉투에 넣은 죄 그림이 가려지도록 합니다.

4 으쓱 나도 할 수 있어요!
언어 신체 대인관계 음악 자기이해

신체 : 하트 모양 쿠션 전달하기

> **목표**
> 우리를 용서하시는 하나님께 감사하는 마음을 가집니다.

❶ 마음 으쓱
– 용서해 주시는 하나님의 마음을 느껴 봅니다.
- 나의 잘못을 친구가 용서해 줄 때 어떤 마음이 드나요?
- 부모님이 잘못을 용서해 주실 때 어떤 마음이 드나요?
- 나를 용서해 주시는 하나님께 뭐라고 말하고 싶나요?

❷ 몸 으쓱
- 두세 반씩 모여 둥글게 원을 만들어 섭니다.
- 찬양을 부르며 하트 모양 쿠션을 옆 친구에게 차례로 전달하는 놀이를 합니다.

- 하트 모양 쿠션이 다 돌면 모두 함께 "우리를 용서하신 하나님, 감사해요" 하고 외치며 박수를 칩니다.

("옆에 옆에 옆에" 노래에 맞추어)
감사 감사 감사 옆으로
감사 감사 감사 옆으로
위로 아래로 위로 아래로
모두 다함께 감사하세요

12 예수님은 용서를 가르치셨어요

성경 본문
마태복음 18:21-35

암송
에베소서 4:32
서로 친절하게 하며 불쌍히 여기며 서로 용서하기를 하나님이 그리스도 안에서 너희를 용서하심과 같이 하라.

오늘의 포인트
하나님께서 우리를 용서하셨기 때문에 우리도 서로를 용서해야 해요.

오늘의 만남

1. **안녕, 친구야!**
   선생님은 십자가가 그려진 하트 스티커를 가슴에 붙이고 정중히 인사하며 어린이들을 맞이합니다.
   • 소꿉놀이 : 빌려주세요

2. **아하, 말씀이 재밌어요!**
   예수님이 말씀하신 용서는 무엇인지 듣습니다.
   • 성경 이야기 : 끝까지 용서하세요!

3. **쑥쑥 말씀대로 자라요!**
   하나님께서 우리를 용서하신 것처럼 우리도 서로 용서해야 함을 압니다.
   • '미안해 인형' 만들기

4. **으쓱, 나도 할 수 있어요!**
   하나님의 용서를 받은 우리도 용서의 마음을 표현합니다.
   • 몸동작 표현 : 꼭꼭 용서해

말씀 길잡이

베드로가 예수님께 물었습니다. "주님, 내 형제가 나에게 자꾸 죄를 지으면 내가 몇 번이나 용서하여 주어야 합니까? 일곱 번까지 하

기도해요
예수님께 나아가서, 다른 사람들이 여러분에게 준 고통을 모두 쏟아 놓으시기 바랍니다. 여러분이 아무리 노력한다고 해도 여러분은 그 고통을 덜하게 할 수 없습니다. 그냥 예수님 앞에 모든 것을 내려놓으십시오. 그리고 성령님께 여러분이 사랑 안에서 살 수 있도록 도와달라고 간구하십시오.

여야 합니까?" 베드로는 과연 어느 정도까지 용서해야 충분한 것인지 알기 원했습니다. 그러나 예수님은 진정한 용서란 그렇게 숫자를 세어 가면서 하는 율법적인 것이 아니라고 대답하셨습니다. 용서란 차가운 의무 대신에 하나님께로부터 받은 사랑을 표현하는 것입니다. 예수님은 이 요지를 간단한 이야기로 비유해서 말씀하셨습니다.

한 종이 큰 곤경에 빠졌습니다. 그는 왕에게 몇십 억의 큰돈을 빚지고 있었습니다. 평생 벌어도 갚을 수 없는 돈이었습니다. 왕은 그 남자와 가족들을 노예로 만들라고 명령했습

니다. 그 남자는 간절한 마음으로 돈 갚을 기한을 연장해 달라고 빌면서 그 돈을 반드시 다 갚겠다는 바보 같은 약속을 늘어놓았습니다(26절). 하지만 그것은 은행이라도 털지 않고서는 불가능한 일이었습니다. 그러나 절망에 빠진 그 남자의 순수하고 어쩌면 바보같이 보일지 모르는 말이 왕의 마음을 움직였습니다. 왕은 그 남자의 모든 빚을 탕감해 주었습니다.

이러한 예기치 못한, 받을 자격조차 없는 관용은 그 남자에게 큰 감동을 주었을 것입니다. 이러한 친절에 감동받은 사람이 있다면 아마 그 사람은 자신이 받은 친절과 비슷한 친절을 주위 사람들에게 베풀었을 것입니다. 그렇지 않을까요? 그러나 우리는 그 뒤에 그 종이 한 행동을 보고 너무나도 실망하게 됩니다. 그 용서받은 종은 그에게 단지 하루치의 임금을 빚진 어떤 사람을 만나 자신에게 빚을 다 갚으라고 요구했습니다. 그 돈은 자신이 탕감 받은 돈의 액수에 비하면 그야말로 아무것도 아닌 돈이었습니다. 그러나 그 종은 그 빚을 탕감해 주기를 거부하고, 그 남자를 빚진 자들이 가는 감옥으로 집어넣었습니다. 그것은 지나친 행동입니다. 특히 이러한 경우에서는 너무나 비양심적인 행동이었습니다. 왕이 그 이야기를 들었을 때 왕은 그 은혜를 모르는 종을 엄벌에 처했습니다. 우리는 이 결말을 당연한 것으로 여깁니다. 예수님이 이 우화를 우리의 이야기로 적용하시기 전까지는 말이지요.

이 은혜를 모르는 종이 누구인지 궁금하십니까? 거울을 보시기 바랍니다. 하나님께서 용서해 주신 여러분의 죄가 얼마만큼인지 알고 계십니까? 우리는 모두 영원한 지옥에 들어가야 마땅한 사람들입니다. 그러나 하나님께서는 예수님을 통해 우리에게 영생을 주셨습

니다. 우리에게 영생을 받을 만한 자격이 있습니까? 예수님은 우리가 다른 사람을 용서하는 것과 하나님께서 우리를 용서해 주시는 것의 긴밀한 관계에 대해서 말씀하십니다. 우리가 다른 사람을 용서한다고 해서 하나님의 용서를 받을 자격이 주어지는 것은 아닙니다. 그러나 하나님의 은혜는 우리를 변화시켜 주셔서, 우리가 다른 사람을 '마음으로부터'(35절) 용서하고 싶어 하는 마음과 의지를 우리 안에 부어 주십니다.

그렇다면 우리가 다른 사람에게 악의를 품고 용서하지 않으려는 마음을 계속해서 우리 안에 가질 수 있을까요? 하나님께서 보여 주신 용서는 우리에게 단지 보고 따라 해 보라는 일종의 시범이 아닙니다. 하나님의 용서는 우리가 실제로 그것을 실천할 수 있도록 우리에게 영적인 에너지를 공급해 줍니다. 하나님께서 우리를 용서하셨다는 것을 우리가 깨달을 때 우리는 비로소 다른 사람들에게 받은 상처를 십자가 앞에 내려놓을 수 있습니다. 그리고 이렇게 할 때 우리의 삶은 훨씬 더 자유로워집니다.

1 안녕 친구야!  언어 대인관계

안녕, 안녕!
선생님은 십자가가 그려진 하트 모양 스티커를 왼쪽 가슴에 붙이고 어린이들을 맞이합니다. 어린이와 눈을 맞추면서 "○○공주님(왕자님), 안녕하세요?"라고 정중히 인사합니다.

마음 열기
소꿉놀이 : 빌려 주세요
성경 이야기에 나오는 '빌리다'라는 뜻을 이해하기 위하여 소꿉놀이 세트를 이용합니다.
필요한 도구가 없을 때 어린이들에게 "○○ 좀 빌려 주세요."라고 부탁하고 도구를 주고받으면서 빌려 주는 놀이를 합니다.

2 아하 말씀이 재밌어요! 언어 공간

끝까지 용서하세요!

준비물 : 왕의 의자, 공책, 감옥을 나타내는 문, 등장인물의 의상

하루는 베드로가 예수님께 물었어요.
"예수님, 제게 잘못한 사람을 몇 번이나 용서하면 될까요? 일곱 번 정도 용서하면 될까요?"
그러자 예수님이 대답하셨어요.
"일곱 번만이 아니라 칠십 번씩 일곱 번이라도 용서를 해야 한다."
예수님은 왜 다른 사람을 칠십 번씩 일곱 번이나 용서해 주라고 하셨을까요?
이 정도만 돼도 우리가 셀 수도 없이 많은 숫자인데, 그 이상을 용서하라고 하시네요.

그러면서 예수님은 베드로와 제자들에게 이야기 하나를 들려주셨어요.

(조명이 꺼졌다가 켜지면서 시작된다.)

〈장면 1〉 왕의 궁전
왕 : (이야기를 시작할 때, 왕은 왕좌에 앉았다가, 흥분해서 화가 난 듯이 벌떡 일어나 서성거리면서 손가락으로 숫자를 세기 시작한다.)
지금까지 정말 오래 참았지. 이제 천만 원이 넘었다니깐!
나의 종이 나에게 천만 원을 빌려갔어. 해마다 점점 더 많은 돈을 빌려가더니 결국에는 이렇게 엄청난 액수가 되고 말았

군. 이제 이 일을 어떻게 하지? 이런 괘씸한! 아, 마침 그가 오는군!

(종 1 등장.)

종1 : 왕이시여, 저는 당신께 너무나 많은 돈을 빌렸습니다.

왕 : 네 말이 옳다! 너는 나에게 천만 원의 빚을 졌다. 나는 네가 빌린 돈을 여기에 적어 놓았다. (공책을 하인의 얼굴 앞에서 휘리릭 넘긴다.) 이제는 내 돈을 다 갚아라!

종1 : 절망적으로 고개를 숙이면서 힘없이 주저앉아서 흐느낀다.) 그렇지만 왕이시여, 제게 한 번 더 기회를 주시면 안 될까요? 흑흑.

왕 : (종의 멱살을 잡아 일으키며 무섭게 노려본다.) 그럴 수는 없다. 이번이 마지막 기회다. 이제 네가 가진 모든 것을 팔아서 네가 진 빚을 갚게 할 수밖에 없다. 너와 네 아내, 그리고 네 아이들을 모두 종으로 삼을 수밖에 없단 말이다!

종1 : (왕의 다리를 잡고 무릎을 꿇고 울면서) 왕이시여, 제발 부탁합니다. 저에게 좀 더 시간을 주세요. 왕이시여, 도와주소서. 자비를 베푸소서. 흑흑.

왕 : (울면서 괴로워 하는 종을 불쌍하게 한참을 바라보다가 종을 일으켜 세운다.) 이 불쌍한 사람! 네가 어떻게 그 많은 돈을 갚겠다는 말이냐? 그 돈을 갚을 시간을 준다 한들 무슨 수로, 쯧쯧쯧. 내게 빌린 모든 돈을 없던 것으로 해 주겠다. 그러니 너는 더 이상 불쌍하게 살지 말아라! (종에게 다가가서 어깨를 두드려 주고 악수를 한다.)

〈장면 2〉 거리

종1 : (갑자기 무언가가 생각난 듯이 걷다가 자리에서 펄쩍 뛴다.) 맞아, 생각

났어! 나랑 함께 일했던 그 종이 나에게 돈을 빌렸었지. 갑자기 잊고 있었던 돈이 생각이 나네. 백 원이지만 그 돈을 쓸 데가 얼마나 많은데……. 그 사람을 얼른 찾아내서 돈을 받아내야겠군!

(종 2가 들어온다.)

종2 : 안녕, 친구야. (종 1과 악수하려고 한다.)

종1 : (종 2의 악수를 무시하고 멱살을 잡는다.) 야! 너 잘 만났다! 오늘 당장 내 돈 백 원 다 갚아! 당장 갚으란 말이야!

종2 : (두 손을 빌며) 나에게 조금만 더 시간을 줘. 빌린 돈은 곧 갚을게!

종 1 : (종 2를 감옥으로 끌고 가며) 너무 늦었어! 너는 나에게 빚을 졌어. 그 단돈 백 원도 갚을 수 없다면, 감옥으로 가!

〈장소 3〉 왕의 궁전

왕 : (화난 표정으로 왔다 갔다 한다.) 내가 천만 원이나 빌린 것을 용서해 주었는데 백 원 빌려간 친구를 감옥에 넣었다고? 여봐라! 용서할 줄 모르는 이 종을 감옥에 넣어라!

친구들도 예수님이 우리에게 주신 은혜를 잊고 다른 사람들에게 나쁘게 대하고 있지는 않나요? 예수님은 이 이야기를 끝내시면서 이런 말씀을 해주셨어요.

(성경책을 펴고 마태복음 18장 35절을 읽어 준다.)

"너희가 각각 마음으로부터 형제를 용서하지 아니하면 나의 하늘 아버지께서도 너희에게 이와 같이 하시리라."

3 **쑥쑥** 말씀대로 자라요!
언어　대인관계　신체　공간

목표

하나님께서 우리를 용서하신 것처럼 우리도 서로
용서해야 함을 압니다.

활동 자료

1. 성경 이야기 그림(예꿈 그림책 B권 12과)
2. 예꿈B 교회학교용(12과)

'미안해 인형' 만들기

❶ 사랑 쑥쑥 가나 🧑‍🤝‍🧑

선생님과 어린이가 동그랗게 둘러앉으면 선생님은 십자가가 그려진 하트 모양의 용서 스티
커를 어린이의 왼쪽 가슴에 붙여 주며 "○○야, 하나님께서 ○○의 잘못을 용서해 주셨어."라
고 인사합니다.

❷ 말씀 쑥쑥 가나 🏃

암송

에베소서 4:32

서로 친절하게 하며 불쌍히 여기며 서로 용서하기를 하나님이 그리스도 안에서 너희를 용서
하심과 같이 하라.

짝을 바꿔 가며 율동과 함께 말씀을 외워 봅니다.

서로
(친구와 한 손 잡고 흔들기)

친절하게 하며
(한 손으로 가슴 쓰다듬기)

불쌍히 여기며
(머리 쓰다듬기)

서로 용서하기를
(두 손을 마주 잡고 흔들기)

하나님이
(오른손 올리기)

그리스도 안에서
(왼손 올리기)

너희를
(친구와 한 손 잡고 흔들기)

용서하심과 같이 하라
(두 손을 마주 잡고 흔들기)

❸ 생각 쑥쑥 가나 👁

성경 이야기 회상

- 예꿈 그림책의 성경 이야기 그림을 보며 이야기를 나눕니다.
• 왕은 빚진 종을 어떻게 했나요?

- 좋은 빚진 친구를 어떻게 했나요?
- 왜 왕은 화가 났나요?
- 예수님은 친구가 잘못했을 때 어떻게 하라고 하셨나요?

❹믿음 쑥쑥 🔑 🔼 👁

말씀 심화 활동

– 손가락으로 인형놀이를 하며 하나님께서 우리를 용서해 주신 것처럼 우리도 서로 용서해야
  함을 기억합니다.
- 교회학교용 31쪽에서 두 인형을 떼어 냅니다.
- 구멍에 손가락을 넣고 두 인형이 싸운 것처럼 흉내 냅니다.
- 한 인형이 "미안해" 하고 말하면, 다른 인형이 "괜찮아. 용서해 줄게" 하고 용서하며 악수하거
  나 안아 주는 흉내를 냅니다.

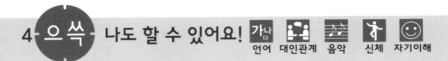

4 으쓱 나도 할 수 있어요!

언어 · 대인관계 · 음악 · 신체 · 자기이해

몸동작 표현 : 꼭꼭 용서해

목표

하나님의 용서를 받은 우리도 용서의 마음을 표현합니다.

❶ 마음 으쓱 🔑 😊

– 친구와 다투었던 일에 대해 이야기 나눕
  니다.
- 친구가 놀린 적이 있었나요? 그때 마음이
  어땠나요? 울었나요?
- 그 친구가 잘못했다고 말했나요?
- 그 친구에게 "너를 용서해 줄게"라고 말해
  주었나요? 마음이 다시 행복해졌나요?

❷ 몸 으쓱 🔼 🎵 🏃

– "꼭꼭 약속해" 노래를 통해 친구와 용서하
  는 방법을 배웁니다.
  - 1절은 원곡 그대로 부르고, 2절은 노랫말
    을 바꾸어 부릅니다.
  - 노랫말을 바꾼 2절이 익숙해지면 "미안해"
    인형을 가지고 손가락 놀이를 하며 부릅니다.

*싸움하면은 : 검지와 중지를 서로 마주하고 싸움
  하는 것처럼 앞으로 움직인다.*

*미안 미안해 : 검지와 중지를 모아 앞에 있는 검
  지와 중지를 번갈아 쓰다듬는다.*

용서하며 : 양쪽 검지와 중지를 모아 하트를 만든다.

지내자 : 검지와 중지를 붙여 흔든다.

*새끼손가락 고리 걸고 : 양 검지와 중지를 사이에
  건다.*

꼭꼭 용서해 : 낀 상태에서 흔든다.

- 우리에게 용서하는 마음을 가질 수 있도록
  도와주시는 예수님께 감사드리며 마무리합
  니다.

부록

새 친구 반 어린이 양육

불신자 중에서도 많은 사람이 어릴 적 교회에 가 본 경험을 이야기 하곤 합니다. 저출산이다 조기 교육의 열풍이다 해서 어린이들이 교회의 문턱을 넘기가 쉽지 않은 요즘, 교회를 찾아온 어린이들에게 교회와 예배를 소개하고 복음을 재미있게 전할 수 있는 방법은 무엇일까요? 《와! 새 친구다!》(두란노, 2009) 교재를 활용한 새 친구 반 운영 방법을 소개합니다.

새 친구 반 운영 이렇게 계획해 보세요.

• 새 친구를 기다려요
새로 교회에 오는 어린이들을 반갑게 맞이하며 이름표를 달아 주세요.

새 친구 반 모임 순서	활동 내용	준비물	시간
인사	- 이름 소개 : 여러가지 방식으로 재미있게 소개		7분
1, 2과 활동	- 1과 : 나도 예배할 수 있어요 - 2과 : 복음 선물	그림 자료	10분
간식	- 간식 기도하기 - 간식 먹기	테이블보, 접시, 물티슈, 간식	10분
마침 인사	- 부모 공지사항 (교회 소개, 교재소개) - 마무리 기도		5분

• 새 친구와 인사해요
선생님을 먼저 소개한 후 퍼펫 인형으로 새 친구의 이름을 묻습니다.
"당신은 누구십니까" 노래를 이용해도 좋습니다.
수줍음을 타는 어린이가 있다면 선생님이 함께 이름을 말해 주세요.

• 맛있게 간식을 먹어요
간식을 먹기 전 손을 닦을 때도 재미있는 방법을 사용해 보세요.
"아빠(엄마, 언니, 오빠, 아기) 손가락을 닦자. 손바닥과 손등도 닦자."
간식을 예쁘게 차리면 더 맛있게 먹을 수 있어요(식탁보나 예쁜 접시를 이용해 보세요).

1과 교회(예배)

목 표 : 교회는 어떤 곳인지 압니다.
     예배가 무엇인지 압니다.
준비물 : 교회 그림, 어린이 그림 인형, 스티커, 끈, 가위

1. 교사 제시: 교회 소개하기

	▷ "여기는 ○○교회야." 교회 밖의 그림을 제시하며 각 교회의 이름을 넣어 소개합니다.
	▷ "신발을 벗어서 신발장에 넣고, 예배실에 들어갔어요." ▷ "이 친구들은 무엇을 하고 있을까?" 기도, 헌금, 찬양, 설교 말씀 듣기, 분반 활동을 차례차례 소개합니다. ▷ "기도와 찬양은 누구에게 하는 걸까요?" ▷ "하나님을 사랑하는 마음으로 기도하고 찬양하고 하나님 말씀을 듣는 것을 예배라고 해요."
마무리	▷ "하나님을 사랑하는 사람들이 모여서 하나님께 예배하는 곳이 교회예요."

tip
교사가 설명 위주로 진행하기보다는 어린이들이 그림을 살펴보고 대답할 수 있도록 적절한 질문을 합니다..

2. 어린이 활동 : 인형놀이

	▷ "인형을 보고 자기 이름을 넣어 불러 보세요." ▷ "○○이가 교회에 왔어요." 인형을 끈에 붙여 교회 내부 그림에 붙이고 이야기합니다.
	"○○이가 교회에 오면 제일 먼저 무엇을 할까?" "○○이는 또 무엇을 하지?" 스스로 놀이하는 데 도움이 되도록 질문으로 돕습니다.
마무리	하나님께 찬양하고 기도하고, 하나님의 말씀을 듣는 ○○이는 예배할 수 있어요.

78

3. 스티커 붙이며 배운 내용 정리하기

4. 출석표에 출석 스티커를 붙이고, 다음 시간에는 하나님이 주신 선물에 대해 알려줄 것이라고 이야기해 줍니다.

*첫 번째 만남 후,

아래의 편지를 부모님께 전달해 보세요. 부모님들이 어린이의 예배를 이해하고 돕는 협력자가 될 것입니다.

부모님께(부모님과 함께 예배드리는 경우)

· 소중한 아기와 함께 예배드리는 부모님을 환영해요.
· 부모님의 예배 모습이 아기들에게는 너무 중요해요. 예배의 모범이 되어 주세요.
· 장난감과 과자는 예배를 방해해요.
· 예배는 ( )시에 시작합니다. 조금 일찍 오셔서 예배를 준비해 주세요.
· 아침밥을 먹고 오면 예배를 잘 드려요.
· 부모님은 자녀의 최고의 선생님입니다.
  교회의 모든 활동에 적극적으로 참여해 주세요.

부모님께(부모님이 예배에 참여하지 않는 경우)

· 소중한 자녀를 주일학교에 보내 주셔서 감사합니다.
· 예배는 ( )시에 시작합니다. 조금 일찍 보내 주세요.
· 토요일 저녁에 너무 늦게 잠들면 예배 시간에 집중을 잘 못해요.
· 아침밥을 먹고 오면 예배를 잘 드려요.
· 교회에서 만들어 온 것에 관심을 보여 주세요. 혹시 아이가 기억하지 못하더라도 칭찬해 주세요.
· 매일 말씀 읽어 주기와 축복 기도를 해 주세요.

2과 복음 선물

목 표 : 하나님께서 우리를 위해 세상을 창조하셨음을 압니다.
       하나님께서 우리를 위해 예수님을 보내셨음을 압니다.
       하나님께서 우리를 위해 천국을 예비하셨음을 압니다.

준비물 : 복음 선물, 목걸이 끈, 투명 테이프

1. 교사 제시 : '복음 선물'로 복음 전하기

▷ "무슨 그림일까요? 신기하게도 여러 가지 그림이 섞여 있네요."

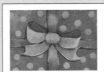

선대로 접어서 선물 그림을 보여주며 이야기합니다.
▷ "하나님께서 보내신 선물이에요."

하나님께서 세상을 만드시고 ○○이도 만드셨음을 이야기합니다.
▷ "하나님의 보내신 선물이 무엇일까요?"
▷ "그래요. 이 세상이에요. 하나님께서는 이 세상을 만드셨어요. 그리고 ○○이도 하나님께서 만드셨어요."
▷ "이 세상은 ○○에게 주신 하나님의 선물이에요."

하나님께서 만드신 세상에 죄가 들어왔음을 이야기합니다.
▷ "(첫 번째 창 열며) 하나님께서 만드신 세상이 어떻게 되었지요?"
▷ "세상이 이렇게 된 것은 '죄' 때문이에요."
▷ "하나님의 말씀은 안 듣고, 내 마음대로 하는 것이 죄예요."
▷ "죄 때문에 나빠진 세상을 보시고 하나님의 마음은 어떠했을까요?"

하나님께서 예수님을 보내 ○○를 구하셨음을 이야기합니다.
▷ "하나님께서는 '어떻게 사람들을 구해줄까?' 곰곰이 생각하셨어요."
▷ "(두 번째 창 열며) 하나님께서는 다시 선물을 보내셨어요. 무엇일까요?"
▷ "그래요. 예수님이에요. 하나님께서 예수님을 보내셔서 죄 때문에 더럽혀진 세상과 죄 때문에 하나님과 친해질 수 없는 나를 살려 주시기로 결정하셨어요."
▷ "그래서 예수님은 우리가 사는 세상에 오셔서 나의 죄를 대신해서 십자가에서 돌아가셨어요."
▷ "그리고 하나님께서는 예수님을 삼 일 만에 살아나게 하셨어요."
▷ "예수님은 ○○이를 사랑하셔서 ○○이를 구해 주시려고 이 땅에 오셨어요."

하나님께서 예수님 믿는 ○○
이를 하나님 나라에서 영원히
하나님의 자녀로 살게 하셨음
을 이야기합니다.
▷ "예수님을 믿는 우리에게 하
나님이 또 하나의 선물을 주
셨어요. 그게 무엇일까요?"
▷ "(세 번째 창을 열며) 바로
천국이에요."
▷ "예수님의 십자가 때문에 우
리는 어떻게 되었지요?"
▷ "예수님을 믿는 사람들은 예
수님과 함께 천국에서 영원
히 살 거예요."

2. 어린이 활동
어린이 각자가 '복음 선물'을 만들고 차례로 펼치면서 함께
이야기를 나눕니다.

3. 예수님 영접하기

▷ "○○이는 예수님을 믿나요?"

▷ "○○이 마음에 예수님이 계신가요?"

▷ "○○이는 예수님과 친구할 건가요?"

▷ "내 맘대로 하지 않고 예수님의 말씀을 따를 건가요?"

▷ 영접 기도
"하나님, 나를 죄에서 구해 주시려고 예수님을 선물로
보내 주셔서 감사해요.
예수님이 나의 죄를 대신해서 십자가에서 죽으시고 다
시 살아나셔서 감사해요.
예수님, 내 마음에 오셔서 새 생명을 주시고 나와 늘 함
께해 주세요.
예수님 이름으로 기도합니다. 아멘."

**4. 출석표에 스티커를 붙이고, 목걸이에 다음 주에 만나게
될 담임 선생님과 반 이름을 적어 걸어 줍니다.**

*두 번째 만남 후,
부서 담당 교역자와 부모님의 만남을 준비해 보세요.
어린이가 예수님을 영접하고 하나님의 가족이 되었습니다.
어린이를 맡을 담임 선생님, 담당 교역자와 부모님의 협력은
어린이를 튼튼히 자라게 할 아름다운 영적 공동체로 세워질
것입니다.

*어린이들이 교회에 잘 적응하도록 기도하며 준비합니다.

이름	강지혜	
성별	여	
연락처	010-XXX-XXX	
인도자	이하은	
1주	2/3	
2주	2/17	
반 배정	믿음반	
비고	불신가정	